U0947042

《艺术之约》（美术卷）

主　编／音　渭　林　锜

艺术之约

Monet

莫奈

宋承泽 林 锜 编著

山西出版传媒集团
山西教育出版社

图书在版编目（CIP）数据

莫奈 / 音渭，林锜主编 ；宋承泽，林锜编著. -- 太原 :山西教育出版社, 2015.9

（艺术之约）

ISBN 978-7-5440-6266-4

Ⅰ. ①莫… Ⅱ. ①音… ②林… ③宋… ④林… Ⅲ. ①莫奈，C.（1840-1926）- 传记 Ⅳ. ①K835.655.72

中国版本图书馆CIP数据核字(2015)第054134号

艺术之约 · 莫奈

（YISHU ZHI YUE MONAI）

音渭、林锜 主编 宋承泽、林锜 编著

出品人 雷俊林

策划人 孙 铁 魏雪萍

责任编辑 李梦燕

装帧设计 王春声

出版发行 山西出版传媒集团 · 山西教育出版社

（地址：太原市水西门街馒头巷7号 电话：0351-4729801 邮编：030002）

印 装 山西臣功印刷包装有限公司

开 本 889×1194 1/32

印 张 5.875

字 数 91千字

版 次 2015年9月第1版 2015年9月山西第1次印刷

书 号 ISBN 978-7-5440-6266-4

定 价 28.90元

来赴一场艺术之约

（代序）

绘画是人类天生的艺术。人们从孩提时代，便懂得用简单的线条勾勒眼中的世界。

好花不长开，好景不长在，有人却能用画笔将一刹那定格成永恒；平凡的事，平凡的物，有人却能带人们发现它的美好，赋予其新的生命；有形的景，无形的情，有人却能将情感挥洒成动人心魄的色彩，唤起深深的共鸣。

这样的作品，这样的人，都是我们耳熟能详的。它们永恒地铭刻在人类文明史上，深植入我们的头脑，构成我们基本的常识。这套书，便是一封跨越世纪的邀请函，翻开它，来赴一场艺术之约。

它讲的是美术家的人生，同时用人生的河流串起每一处绝妙的风景，也就是他们的作品。他们的生命从哪里开始，他们有怎样的家庭、怎样的童年、怎样的爱情、怎样的病痛，又怎样成长、怎样探索、怎样谋生，那些伟大的作品又是在什么情况下诞生……你会在这里一一找到答案。

他们其实不是艺术圣坛上那一张张用来膜拜的画像，而是跟我们每个人一样，有血有肉，有哀有乐。米勒有一个温暖快乐的童年；雷诺阿生了一个成为20世纪著名导演的儿子；高更最先是一位从事金融业、收入丰厚的绘画“票友”；梵高直到生命的最后一年才卖出一幅画；毕加索情人无数，80岁时还迎娶了35岁的妻子；蒙克一生在亲人去世、病痛、烟酒、精神癫狂中度过，却活到81岁高龄……每一幅经典画作，不再是展览墙上的木框，而是与鲜活的生命相联系。你从未如此真切地感受那些线条与色彩是由怎样的双手来勾勒。

当这许多位美术家汇集到一起，又串起了一部美术史，他们是美术史的链条上最璀璨的珍珠。每一本书都不是孤立的，而是互相呼应，他们是自己的传主，同时又是其他传主的背景。有时，几位名家同时出现或前后承接，你会发现他们在时间和空间上竟如此相近。你仿佛徜徉在巴黎的卢浮宫，漫步在枫丹白露森林，沉浸在浓厚的艺术氛围中。你看到他们在塞纳河畔背着画夹写生，在学院的画室研究着比例与笔法，在街角烟雾缭绕的酒馆进行着思想的争鸣，在为参加各种沙龙而忙着选画、贴标签、装箱、布展……

你的美术素养不再停留在知道几幅画作、几个名字上，你与艺术的联系更加紧密。你会在一场美术展览中关注画作的派别和技巧，你会在子女接受美术教育时找出最经典的画作，你会在某个地方旅行时说出哪位美术家曾与你走过同一段路。

更重要的——你会更加深刻地感受到艺术的美好。面对安格尔的《泉》，你是否为少女洁白自然的胴体而赞叹？面对米勒的《晚钟》，你是否为农民的虔诚、宁静、纯洁而感动？面对雷诺阿的《煎饼磨坊的舞会》，你是否听到阳光在树叶的空隙中欢跃喧闹？面对梵高的《向日葵》，你的双眼是否被那火焰般的明亮点燃？

林　锜

2015 年 6 月于北京

目　录

第1章：天才的诞生

小有名气的漫画家

1840 年巴黎近郊的一家小杂货店里，年老的克洛德·奥古斯特做梦也不会想到，自己刚刚诞生的孩子将来会给艺术界带来这么大的冲击。由于仅仅是一个小本生意的买卖人，奥古斯特并没有什么浪漫情怀。三十多岁时才讨到一个叫露易丝·奥勃莱的年轻寡妇做妻子。从小就务实勤奋的奥古斯特望着妻子日渐隆起的肚子，希望这第二个孩子也像自己一样有着勤奋的品质和安分守己的性格。夫妻俩甜蜜地经营着小杂货铺，期待着自己的宝宝出世。

1840 年 11 月 14 日，漫天飞雪点缀了巴黎这座文化名城。在安逸祥和的环境中，老奥古斯特的小杂货店里传来了一阵啼哭声。奥古斯特欣喜地看着怀中的宝宝，幻想着之后的淳朴安分的家庭生活，幻想着儿孙绕膝的美好愿景。这个伴着大雪飘下来的孩子给这个平凡的家庭带来了极大的喜悦。这个孩子就是克洛德·奥斯卡·莫奈。

由于父母忙于生意，养家糊口，无暇顾及小莫奈的成长，于是莫奈就像一个野孩子一样，终日在天地间自由呼吸成长。自由生长的莫奈在三四岁的时候即表现出了极强的绘画天赋，家里的墙壁、地板都成了小莫奈的“画板”。幼稚的笔画、笨拙的色彩、形状怪异的物品和不成比例的小动物，让莫奈的妈妈头疼不已。但是店中常来光顾的顾客们却很稀罕这样的“天真的童话”，它们常常令大家捧腹不已，谈论着这家杂货店的“未来的画家”。不过莫奈的父母却不希望小莫奈从事艺术，因为艺术在当时被认为是“不成器的人的疯狂冒险”。他们希望自己的孩子能像自己一样从事一些事务性比较强的工作。莫奈的妈妈时常在想：“要是小莫奈之后成为一个商人或者鞋匠什么的就好了。”

莫奈五岁的时候，父亲在勒阿弗尔谋求到一个新的店铺，于是全家举迁。勒阿弗尔是法国北部的一个港口城市，那里有大片森林、一望无际的海洋和湛蓝的天空，风景宜人。他们家住的是海岸附近的一幢小瓦房，莫奈经常能在家里听到大海那低沉的召唤。每逢阳光灿烂之际，小莫奈就会登上海岸附近的悬崖，欣赏着壮丽的自然奇景。大自然的哺育让莫奈养成了自由自在的性格，无论是大海、沙滩、森林，都是他的乐园；海鸥、海龟、寄居蟹，都是他的玩伴。小莫奈就在这样的自由环境中渐渐成长起来了。

勒阿弗尔是法国北部诺曼底地区仅次于鲁昂的第二大城市，位于塞纳河河口，濒临英吉利海峡，以其作为“巴黎外港”重要的航运地位而著称，在法国经济中具有独特的地位。

到了上学的年纪，父母把小莫奈送到了镇中的一间学校。与在海边的自由时光不同，小莫奈在学校里的生活就显得格外枯燥了。学校在他看来，就是一座“监狱”，不仅课程枯燥无味，连考试都是只要死记硬背就能拿高分的形式而已。莫奈在大自然中培养出来的自由性格显然注定了他不会是一个安分的学生，每天他除了逃课去海边玩耍，就是在课堂中鼓捣一些名堂出来。

为了让自己那双爱动的手不至于闯祸，莫奈就会在自己的笔记本上画一些乱七八糟的东西。有的时候是一些稀奇古怪的装饰，有的时候就拿自己的老师做模特来速写。

学校枯燥无聊的日子，因为有了这样一个爱好变得有趣了。小莫奈最讨厌的是数学课，因此数学老师就总成了莫奈的“模特”。莫奈总是把老师画得滑稽且不成样子，突出了各种特点。数学老师豆大的鼠眼、硕大的蒜头鼻、可笑的表情总是被莫奈画得异常夸张。有时候画着画着，那张可笑的脸就会变得狰狞，然后一个怒气冲冲的人就会冲下讲台把小莫奈的画撕碎，并对他一顿训斥。虽然受到了老师的痛斥，但是莫奈却有说不出的痛快。就这样，小莫奈在画速写的过程中逐渐提高了自己的绘画本领，也有了自己独特的幼稚的风格：色彩的随意、特点的突出和人体的毫无比例。

渐渐地，小莫奈不局限于课堂，开始画各种乡亲父老了。他的肖像画往往有着很突出的特点，让人一眼就能识别出来是谁。他画得也越来越起劲，作品不断地增加着。终于，在父亲的帮助下，他的第一批漫画肖像在这个海港小镇的一家小画框店展出了。这次展出吸引了众多观众，当人们围着这些画赞美着它们的时候，小莫奈高兴极了！要是有人喊道：“那是某某人！”小莫奈就被虚荣的感觉完全淹没了。莫奈的天才很快震动了这个临港的穷乡僻壤，前来求画的人络绎不绝。“这么多订单，为什么我不能收取一些费用呢？”

围着马德斯头巾的女人（1857）

一个小小剧场万神庙（1860）

莫奈这样想着，做出了一个大胆的决定，每幅画收取 20 法郎。但是就算这样，求画的人依然有增无减，来的人没有不愿意付钱的。这样一来，莫奈的名气更大了，很快成了城中的“要人”。虚荣和自满的心理让他经常会在陈列漫画的橱窗附近呆着，听着人们对他的溢美之词。要是有人碰巧认出了他：“瞧！那个就是莫奈！”那他的心里就会像被浸入了蜂蜜一样。

但是少年得志的莫奈心里容不下别人。莫奈最不高兴的是，这家画框店里还陈列着另外一位画家的画。这些画是一些凌乱的色彩和线条组成的海景画，而且这些海景画，往往挂在自己的画上面，这让小莫奈很不舒服。

“那是谁的画？”有一天小莫奈问店主。“那是布丹先生的画。虽然他的画不受人们喜欢，可他真的是一个好人啊。要不要介绍你们认识一下？”“不要！我不想认识他，也不喜欢那些画。”虽然嘴上这样说，但是莫奈心里面并不十分讨厌这些画。这些画不像乡亲们评论的那样凌乱和随意，反而从这些线条和色彩中感受到了很熟悉的一种感觉：就像他每日见到的大海一样的感觉，就像他每日见到的阳光一样的感觉。小莫奈总是想把自己见到的壮丽的大自然美景描绘出来，却总没有能力做到。这甚至让莫奈开始嫉妒起这个未曾谋面的画家了。

在勒阿弗尔工作的布丹（1857）

直到遇见你

欧仁·布丹是小镇的一个画家。1824 年，布丹生于诺曼底地区海滨的一座小港口城市的一个海员家庭，他热爱并熟悉大海。11 岁时，布丹举家迁居到勒阿弗尔海港。

> 欧仁·布丹是法国 19 世纪风景画家。他曾跟米勒学画。出生于诺曼底地区海滨的一座小港口城市的一个海员的家庭，他热爱并熟悉大海。布丹终其一生热爱法国西部海岸的景致，因为那里是他的家乡诺曼底。

之后，20 岁的布丹在勒阿弗尔开了一个文具和画框店，向艺术家们销售文化用品，并兼以给一些到勒阿弗尔海港的画家们配框。店内同时还展出康斯坦·特罗荣、让·弗朗索瓦·米勒等风景画家的作品。早些时候，布丹也只是一个喜爱绘画的商人而已。因为工作的缘故，他经常能见到一些绘画名家，并受到他们的熏陶。一个偶然的机会，在他给那些到勒阿弗尔海港的画家们装配画框的时候，他遇见了让·弗朗索瓦·米勒。米勒教给了布丹很多绘画的技巧和理念，让这个充满理想的年轻人燃起了对绘画的热情，以至于他失去了对商业的兴趣。这时，布丹决定做一个艺术家，向前辈们学习绘画。米勒一直在劝导布丹，这条道路异常的坎坷和泥泞，很可能会导致贫困以及带来诸多困难。而且在当时学院派占主流统治地位的情况下，布丹所画的油画显得异常非主流，难以在主流绘画界引起轰动。但是布丹还是毅然选择了这条道路。

让·弗朗索瓦·米勒（1814—1875），是法国近代绘画史上最受人民爱戴的画家。出身于农民世家，幼年时便显露出绘画的天才，受到老师的鼓励而立志学习绘画。

1847 年，布丹来到巴黎，开始在卢浮宫临摹名画。巴黎之行让布丹眼界大开，他如饥似渴地学习着大家的作品，从各个先辈们那里汲取养料。他还结识了库尔贝，接触到最先进、不同于主流的理论。之后，勒阿弗尔市政府向他提供了三年的奖学金让他能够在巴黎学习绘画。布丹非常珍惜这次机会，在巴黎努力学习，并时常到卢浮宫寻求灵感和刺激。

卢浮宫，是世界上最古老、最大、最著名的博物馆之一。位于法国巴黎市中心的塞纳河北岸（右岸），始建于1204年，历经800多年扩建、重修达到今天的规模。卢浮宫占地面积（含草坪）约为45公顷，建筑物占地面积为4.8公顷。全长680米。它的整体建筑呈"U"形，分为新、老两部分，老的建于路易十四时期，新的建于拿破仑时代。宫前的金字塔形玻璃入口，是华人建筑大师贝聿铭设计的。同时，卢浮宫也是法国历史上最悠久的王宫。

当布丹在巴黎学成归来后，乡亲们发现布丹学习的并不是主流的学院派，不是乖乖在室内描摹人体和静物，反而每天都在野外画些山山水水。而且布丹画的山水画很难让人看懂，只有凌乱的色块和线条，就像一个行外人画的似的。但是布丹似乎并不在意这些评价，依旧在画着自己才能看懂的艺术。直到有一天，他在展出自己海景画的画框店看到了展出的一些人像漫画。这些漫画深深吸引了布丹，他开始觉得这个画画的少年一定是一个很有天才的人。当他得知这个天才只有15岁时，他更惊异了！布丹已经开始迫不及待地想要和莫奈相见了。

虽然小莫奈一直不想与布丹相识，但是命运的安排还是让这两个人相见了。布丹和莫奈都没有想到的是，这次的相遇对之后的艺术界产生了莫大的影响。

有一天，莫奈照例去画框店欣赏自己的画作，而这时布丹也随后进入了画框店。画框店店主抓住机会让莫奈和布丹互相介绍认识了。布丹毫不犹豫地向小莫奈走来，脸上毫不掩饰欣赏与欢喜的表情，用很和蔼的口气对小莫奈说："我注意你很久了，你是个有天才的人。你的速写有趣而又巧妙，很突出目标事物的特点。但是我不希望你就此停住，陷入漫画的趣味中而不继续学习其他方式的绘画。""其他方式，其他方式是什么？"小莫奈问道。"就是油画和素描啊。油画和素描表现外部会更贴合自然。同时你的特点突出抓得很好，要把它运用到自然中来，这样创作出来的海洋、天空、人物才能像大自然所创造的那样纯真和充满性格。所以，要不要和我去野外写生啊？""嗯……我再想想吧。"小莫奈不情愿地应和着。年少得志的小莫奈正沉浸在成名的喜悦中，哪里还管什么油画、素描，只想一心扑在漫画上面来让自己开心。布丹的建议没有作用。之后布丹也常常约小莫奈去写生，但是都被小莫奈礼貌地拒绝了。小莫奈小小的虚荣心里怎么能容下别人刺耳的声音呢。

素描是人类历史上最早出现的绘画形式。15世纪文艺复兴时期，人们才发现了其独特的表现魅力。在这一时期，意大利画家马萨丘、达·芬奇、米开朗基罗等人发明并运用了透视学、解剖学和构图学原理，为素描表现的立体感和空间感提供了科学的依据，逐步完善了素描。从此，素描便作为一种近乎完美的绘画形式在全世界画坛独树一帜。

油画是用快干性的植物油调和颜料，在画布（亚麻布）、纸板或木板上进行制作的一个画种。作画时使用的稀释剂为挥发性的松节油和干性的亚麻仁油等。画面所附着的颜料有较强的硬度，当画面干燥后，能长期保持光泽。凭借颜料的遮盖力和透明性能较充分地表现描绘对象，色彩丰富，立体质感强。油画是西洋画的主要画种之一。

但是小莫奈心中对于绘画的躁动火苗依旧在燃烧着。大自然的壮丽美景让小莫奈感到震撼和伤心：震撼的是造物主居然能够创造出如此美轮美奂的景致；伤心的是自己也想像这造物主一般创造什么在画布上，但却无能为力。终于，在布丹不倦的好意下，小莫奈屈服了，开始直视自己的内心。他拿起了画板，跟着这位年轻的布丹老师，一起去了野外写生。

清晨的太阳还未升起，小莫奈就已经在树下支起画架，欣赏起破晓前蒙蒙的夜色。在这幽静的景色里，一切都显得那么的轮廓模糊且富有意境。曙光初生，自然万物都披上了一件金纱，色彩显得格外浪漫。花苏醒了，树睁开了美眸，鸟儿在这树林间穿梭，啾啾地叫着，给这新的一天谱出了乐章。太阳越升越高，渐渐地，蔚蓝的天空，葱绿的森林，远处金黄的海岸，都在阳光的照耀下格外明媚。小莫奈看到如此美景，欣喜得不得了，一边唱着一边作画。而一旁，布丹老师也趁机向小莫奈传授绘画的技巧和理念。

“你看，这当场直接画下来的任何东西，往往有一种你不可能在画室里找到的力量和用笔的生动性。这也说明了在野外写生的好处，这是学院派那些在画室描画模特的人所不能理解的。”

“你看天上的云的色彩，因为阳光的滋润才变得这么有感觉，想要把这些美景都收于画布，就要专注于色彩和线条的表现。”

“一幅画吸引人的不是局部的某一块，而是整个画面，要让整个画面突出你见到它的时候的初印象。”

莫奈在勒阿弗尔的郊外和海边尽情作画，享受着写生

莫奈自画像

的乐趣，接受着布丹老师的教诲。太阳向地平线移动，天空的颜色交织成一幅美丽的锦缎；大海涨潮了，反射着天空柔和的颜色。小莫奈看着昔日的乐园，变得有些陌生，但是更加美丽了。投影到他画板上的景色，也愈发的美丽。莫奈高兴极了，这种乐趣绝不是画漫画能够带来的，而画布上的这种意境也不是漫画能够表达出来的。终于，小莫奈虚荣、浮躁的心静了下来，开始重新审视这个大自然了。

阁楼作画

经过六个月的室外作画，小莫奈开始相信美好的自然是自己最好的绘画目标。与此同时，小莫奈也在积极搜寻着所能见到的艺术家的画来汲取营养。布丹老师的理论已经让小莫奈深深喜欢上了绘画，他现在需要的是让自己的技巧更加精进。但是这个时候发生了一件悲伤的事情，莫奈的母亲在他 16 岁的时候去世了。年轻的莫奈失去了家族中和他最亲近的人，也失去了家族中与他分享艺术乐趣的人。之后，小莫奈就由他的姨妈珍妮·玛格丽特·勒卡德照顾。

年轻的勒卡德夫人是一个业余画家，同样是一个支持小莫奈绘画的人。在勒卡德夫人的阁楼里，小莫奈发现了他少年时代的崇拜者巴比松派画家杜比尼的画。杜比尼的画不仅用写实手法来表现自然的外貌，并且在作品中表达出画家对自然的真诚感受。柔和的笔触、淡然的色彩都让小莫奈有了如获至宝的感觉。

小莫奈在姨妈家的阁楼里不知疲倦地临摹着杜比尼的画，一画就是好几个小时，常常忘记了吃饭。一边画，小莫奈一边还继续跟着布丹先生到郊外写生。在写生过程中，他会不自觉地运用杜比尼的绘画表现风格，而后继续回阁楼临摹。这间小阁楼成了莫奈与外界相隔的天堂圣地，在这里，他才能够和艺术大师们真正沟通和学习。随着小莫奈临摹的时间增加，他愈发地觉得自己应该出去走走，去和大师们交流，去见见更多的画作。

他把这个想法向布丹老师说了，布丹老师很赞同。布丹先生很谦逊，不认为自己的训练能够让莫奈完全向着正确的方向前进，而是觉得他需要更多的学习和磨砺。要在艺术上有所作为，就一定要在艺术的圣地——巴黎学习一番。布丹常常对莫奈说："一个人是不能够达成目标的，古往今来，也都是因为站在了巨人的肩膀上，那些大艺术家们才能有所作为的。一个人没有客观的评判，没有诚恳的批评，单凭自己去创造艺术是不可能的。所以，学习前人的作品和理念，才是能够创造新艺术的方法。"

有了布丹老师的肯定，小莫奈更加坚定了去巴黎的想法。布丹老师鼓励他的话让小莫奈更加觉得，他的理想不只是绘画，而是当一个艺术家，一个能够表达自然、用画笔说话的艺术家。熟知莫奈绘画才能的父亲并不反对他的理想，反而以此为荣。但是要学习就要去巴黎，这个做杂货店老板的父亲并没有足够的经济实力来帮助小莫奈。于是，在布丹老师的建议下，父亲给市参议会写了一封信，希望能够像当年资助布丹一样资助莫奈的巴黎学习之旅。

在等待政府审批的过程中，焦急的莫奈请求父亲允许他先到巴黎去做一次短期旅行，去向一些艺术家请教。通过姨妈勒卡德的关系，莫奈认识了与库尔贝相熟的高提埃。于是莫奈拿着自己靠画画像赚来的2000法郎作为路费，带上布丹老师给的推荐信，离开了勒阿弗尔，开始了自己的巴黎之行。

库尔贝1819年生于法国的奥尔南，自幼天赋聪颖、相貌出众，既高傲自大、自命不凡，又热情奔放、慷慨大方，从中学时代，就成为同龄朋友们心悦诚服的领袖。1841年，他的父亲送他到巴黎念大学，要他学习法律，但他却立志做一名画家，在皇家美术学院和贝桑松美术学院学习。当他23岁时就已掌握了自己风格的主要因素。在古代大师中，他最欣赏17世纪西班牙画家委拉斯贵支的技巧，专心地临摹过不少收藏在卢浮宫的委拉斯贵支的作品。

第2章：画家成长的巴黎行

让人大开眼界的巴黎行

巴黎，早在12世纪就成了西方的文化中心。与勒阿弗尔的宁静不同，巴黎的喧嚣和繁华让小莫奈感到格外新鲜与刺激。众多艺术大家的作品也让莫奈第一次深刻地感受到了什么叫做“人外有人，山外有山”。

1859年5月，莫奈有生以来第一次参观了沙龙展出。那次展出的有科罗、杜比尼、特罗荣等人的风景画，莫奈看后大为惊叹，才发觉自己领悟到的东西实在是少之又少，这个世界还很大，有很多自己一时间不能赶上的大师。莫奈在沙龙展览会中流连忘返，专心地研究所有著名画家的作品，如饥似渴地吞饮着大师作品中喷涌的艺术清泉。

沙龙原意指的是装点有美术品的屋子。17 世纪该词进入法国，最初为卢浮宫画廊的名称，在法语中一般意为较大的客厅，另外特指上层人物住宅中的豪华会客厅，之后逐渐指一种在欣赏美术结晶的同时，谈论艺术、玩纸牌和聊天的场合。所以沙龙这个词便变为不是陈列艺术品的房间，而更多的是指这样的贵妇人在客厅接待名流或学者的聚会了。

在此期间，莫奈还拿着布丹老师的推荐信拜访了好几位画家，画家们对莫奈都很热情，特罗荣看到莫奈的作品之后大为赞赏，对莫奈说："你的画画得很好。你的画很有色彩，这很好，在一般效果上也很正确。但是你还要认真学习，努力作画。绘画是一件精致的事情，不是通过理念和创新就能成功的。你干得太过于随便了，功夫在身，怎么也丢不掉。如果你能听我的劝，并且认真对待艺术的话，你应该去某一个画室，去学习素描。这项基本功是现在几乎人人都缺乏的呀。人们都太在意创新、改革，反而把绘画本来应该有的基础给忽略了。同时还不能够轻视油画，像你从前那样坚持到乡村里去画速写，去卢浮宫临摹大师作品。还要经常把画带给我看看，让我了解你的进步。我相信，凭着你的勇气和天赋，只要能够勤于练习，一定能够成功的。”

特罗荣的建议让莫奈大受感动与启发。于是莫奈在巴黎过上了白天拜访名家，晚上给布丹写信、作画的日子。莫奈给家里写信，告诉父亲他决定在巴黎先学习一段日子。但是父亲的回信说，政府拒绝了莫奈的助学金申请，不过家里人同意他在巴黎学几个月，他的亲戚们会支付莫奈的学习费用。父亲在信中还说道，最好是进入美术学院学习。

特罗荣建议莫奈进入库尔贝画室学习绘画，但是莫奈拒绝了。一是因为莫奈不喜欢库尔贝的画，二则是因为他不喜欢画室美术教育的死板，深深厌恶画室中的那股“学院风”。莫奈认为，那些在画室里画出来的作品都毫无生机、很是僵化。这些脱离生活的艺术活动是不值得在它们上面浪费时间的。

莫奈无法接受画室的教育模式，生怕这些死板会把布丹老师好不容易在他身上培养出来的自由独创精神给抹杀掉。相比之下，在巴黎有很多自由自在的户外活动更能让莫奈找到乐趣。他就像一只习惯在山间翱翔的老鹰，不可能被囚禁在牢笼之中。

当时的巴黎是个群星璀璨的城市，各种流派和思潮都在这里会聚和碰撞。咖啡馆是当时的艺术家们喜欢聚集的地方，如树阴岛上的托尔尼咖啡馆，就是画家们交流意见的场地。不过莫奈更喜欢的是烈士啤酒店，在这里集会的都是艺术界的学子。这里有最新潮的思想，有最反叛的精神，还有对艺术问题的火热讨论。这里没有权威，没有绝对的偶像，有的只是创新和颠覆。传统的美术学院越是维护学院派的风光，在烈士啤酒店就越受到怀疑和鄙视。在这里，一群年轻人用激情和热血书写着属于自己的艺术史，同时也在这些探索中建立起无数的友谊和同志关系。就是靠着这种精神，巴黎吸引了一大批全国乃至全世界的少年天才，鼓励他们彼此交朋友，互相切磋，共同在艺术的道路上探索。

但是莫奈拒绝进入美术学院一事令父亲十分震怒，一气之下父亲断绝了所有给莫奈的资助。这时候，他只能靠着自己的储蓄为生。一心渴望自由的莫奈想：“再挨一下好了，等到寻找到自己的方向之后再回去找父亲寻求帮助。”

在烈士啤酒店时常会见到库尔贝，莫奈也经常向库尔贝讨教一些绘画专业上的问题，但是对于库尔贝在作品中赋予的政治道德意义却从未考虑。与库尔贝不同，莫奈一直坚信着绘画要画直接由眼所见、由心所感的一切，并不是要在画里面用僵硬的画风赋予什么道理。由于莫奈是一个对艺术很纯粹的人，这也让莫奈能够不断对其他人的思想兼容并包。这种性格让莫奈在巴黎这样一个大环境下取得了很大的进步。这段时期，他在烈士啤酒店和一帮喜爱风景画的年轻人热切交流，并偶尔去一些画室结交那些富有天才的青年美术家。年轻人的共同成长让莫奈十分受用，鉴赏力、欣赏水平和绘画技巧都有了长足的进步。

在莫奈来到巴黎的第二年，一个大规模的现代派艺术画展开幕了。画展在莫奈常去的意大利路举行。由于是出自私人收藏而没有美术院参与的缘故，这次画展吸引了众多年轻的现代派艺术家们展出自己的作品。其实在一年前也有一个同样的画展举行，但是在官方的承办下，许多优秀的现代派作品都被美术院斥为“孩童的涂鸦”而被束之高阁。所以这次展出的画作更为自由和开放，也让广大人民看到了什么才是真正的现代派艺术。

消息传到莫奈耳朵里，莫奈决定去这个画展看一看。

虽然莫奈已经做好了被震撼的准备，但是看到了这些洋溢着生命力的色彩和充满活力的线条时，他还是受到了很大的触动！这些作品又一次打开了莫奈的“眼睛”。它们在莫奈面前呈现了一个不一样的艺术风格，一个璀璨的新天地。

这次画展是向外界的人们证明，现代艺术绝不是颓废的艺术，绝不是随便的艺术，绝不是腐败的艺术。他们成功了。在莫奈的眼中，这种艺术完全超越了自己之前所看到的所有。他看着德拉克洛瓦的油画、巴比松派画家的风景画、库尔贝的油画、科罗的作品，眼中饱满着泪水。他站在布丹老师的老师米勒先生的《樵夫与死神》面前，看着那丰富的构图，对比的色彩，隐含的神情，心中获得了一种新的战栗。这幅《樵夫与死神》其实是不受主流看好的，去年的时候就落选了现代派艺术画展。但是在莫奈的眼里，这些画都是伟大的艺术品，流淌着鲜活的生命力。无论是画风，还是笔触，甚至是构图，都让小莫奈体会到了十足的新鲜感。莫奈又一次的开始觉得，这个世界，太大了；艺术，太大了。

樵夫与死神

画室进修

莫奈在看完展出后没忘记给布丹老师写信表达自己的震撼。布丹老师的回信却很简单，他告诉莫奈，如果要有像现代派艺术一样的创新，一个画家的基本功还是必不可少的。只有在一定的基础上，才能建起新的高楼大厦。于是在布丹老师的建议下，莫奈进入了斯维赛画院学习。说是画院，但其实就是一个从前当过模特的人在一间屋子里给那些穷画家们练习人体画的地方。画院坐落在奥菲尔码头附近的一间肮脏凌乱的房子里，只要出少许的钱就能在里面画活模特。很多穷酸风景画家都去这里画模特来研究人体解剖学。

莫奈开始一边在斯维赛画院学习人体的画法，一边借助画室这个平台来同更多的年轻风景画家交流绘画技巧和感触。与此同时，他还经常给布丹老师写信，有一次在信中他写道：“在斯维赛画院的学习很好，这里没有考试也没有课程，完全符合我的学习方式。我在这里很用功画人体，发现这是一件很有用的事情。不仅我这样认为，许多风景画家都开始觉得画人体对自己水平的提高是有好处的。”他说的许多画家就是他在这间画院交到的新朋友，库尔贝、马奈、毕沙罗等人。莫奈这个时候没有想到的是，他在这里认识到的这些人，就是最初创立印象主义画派的那些人。

同莫奈的这些类似于小混混似的成长经历不同，传统的学院派画家的成长就显得中规中矩了。当时在巴黎画坛上有三派分立：学院派、浪漫派和写实派。学院派是古典派的后裔，绘画风格很传统，同古典派一样取材于古希腊和古罗马的神话或者故事。形式上注重事物具体的样子，手法工整精密，重线条轻色彩。虽然是古典派的后代，但是却不像古典派一样完全描述古代，而是要有一定的思想在里面。当时的巴黎处于资产阶级革命的阶段，沾染上政治因素的古典派画作完全就是在拍资产阶级革命精神的马屁。他们力求表现资产阶级在进步中给社会创造的无限繁荣与稳定，来迎合他们的主要买家——新兴资产阶级贵族们的口味。正因为如此，学院派才成为了巴黎甚至法国艺术界中最保守但是最兴盛的一种力量。

学院派始于16世纪末的意大利，十七八世纪在英、法、俄等国流行，其中法国的学院派因官方特别重视，所以势力和影响最大。学院派重视规范，包括题材的规范、技巧的规范和艺术语言的规范。由于对规范的过分重视，结果导致程式化的产生。学院派十分重视基本功训练，强调素描，贬低色彩在造型艺术中的作用，并以此排斥艺术中的感情作用。这些特点给学生带来的影响是正、反两方面的。

学院派的官方地点为法兰西美术学院。他们的领袖安格尔为了捍卫自己派别的位置，把其他意见都视为异端。而在培养人才方面，他们则采用一种特定的方法和体系来确定教出来的画家是能够为他们所用的。由于约束太过于严厉，青年美术家进入了这种美术学院，就要在那些权威所圈定的范围内老实地待着，不能有任何越界的思想，更不能表现出任何不同的意见。就算他们是有创作天赋的天才，要是想受到师长们的赞许，想受到艺术界主流的评价，就必须服从这些条条框框。而且更为严重的是，参加沙龙和选派优等生到罗马去评选的，都是由美术学院一手垄断的。

在沙龙中，每一幅画都是为了迎合统治阶级以及资产阶级所创作的，虽然很中规中矩，但缺少特色。经常会有评论家说沙龙上的艺术就是一群同样的手用同一个模型翻出来的同样的画。但是在这样的环境下，却还是有人敢为人先，在“色彩虚构，线条万岁”的时代，举起一面“色彩为先”的大旗。这个人就是青年画家德拉克洛瓦。他开始在中古传说和但丁、莎士比亚等人的作品中寻找灵感，创作出了一幅惊世骇俗的《但丁与维吉尔》。说它惊世骇俗，完全是因为强烈的色彩对比、动荡复杂的构图风格。于是，这幅画的出现，标志着浪漫派的产生，也使得本来就对学院派不满的很多年轻画家，站到了浪漫派的阵营中来。浪漫派和学院派的交锋一开始就充满了火药味和浓浓的硝烟。这才是压抑了很久的青年画家们的阵营。

写实绘画从表面看，是一个古典和传统的样式。从最早的西班牙岩画到19世纪的学院派、印象派；从苏联的绘画到中国社会主义时期讲究题材的油画，都是写实的面貌。但是，一个绘画样式能够逾千年不衰，并不是仅靠传承或某一教学体系所决定的。现代科学研究证明，艺术是人的物质形态外化延伸的结果。

但丁与维吉尔

但是，浪漫派还是没有摆脱宗教、神话、宫廷等题材，从骨子里还散发着浓浓的腥臭味。于是，又有一部分年轻画家看到了在现在这样一个大进步的时代，法国艺术界怎么还可以抱着耶稣啦圣母啦皇帝啦不放呢？于是他们另辟蹊径，以古斯塔·库尔贝为首的另外一批年轻人亮出了自己的想法——写实——绘画必须描绘现实生活。写实派就此诞生。

写实派的年轻人们经常分享经验的地方就是烈士啤酒店，也就是莫奈经常去和画家们交流的地方。所以说莫奈的前期风格，或多或少地受到了写实派风格的影响。诗人费南德·德斯诺正式向学院派、浪漫派下了挑战书：“至少让我们多少是自己的吧！”“我们唯一的原则是独立、真诚与个人主义！”于是，每个写实主义画家都开始为了心中的那个“真”作画：布丹老师的老师米勒先生长期在农村生活体验最真实的色彩；杜米埃用石板画的方式描绘城市的形态；而在巴比松地区的一批画家，则开始直观自然，创作风景画。让莫奈感受最深、触动最深的作品，多半是出自这些写实主义先锋之手。

奥诺雷·杜米埃（1808 年 2 月 26 日—1879 年 2 月 10 日）是法国著名画家、讽刺漫画家、雕塑家和版画家。是当时最多产的艺术家。

但是这些写实主义作品，无论是官方画展，还是文艺沙龙，都只有寥寥几人参加。因为浓重的色彩、反映出来的丑陋的现实为统治阶级所不齿。于是，一些写实主义画家为了能让自己的画被别人看到，就自己举办画展。比如库尔贝，他的画落选官方展览之后，就跑到了官方的展览馆旁边自己搭了一个简易木棚，把自己的画全都放在里面供人欣赏，还美其名曰“写实主义库尔贝展厅”。就是靠着这种百折不挠的精神，写实派画家越来越受到民间的重视，甚至在一批到巴黎求学的年轻人里写实派也成为了主流。

莫奈从小就沐浴在写实派风格之下，自然与学院派的大环境格格不入。这样一个心态不想进美术学院也是正常的。可是在巴黎这样一个鱼龙混杂的艺术之都，如果跟错了朋友，学错了东西，将会对莫奈产生很大的影响。但是莫奈的初期由于受到了布丹老师的指导，识辨能力和创新能力都十分强大。对于巴黎，莫奈的到来，就是象征着一座巨塔将要被推倒，一颗新星正在冉冉升起。

“骑士”的军旅岁月

莫奈在斯维赛画院学习了还没多久，一个消息让他不得不离开心爱的巴黎了。当时法国实行的是兵役抽签制，男孩子到了一定年龄只要被抽中就要去当七年的兵。父亲虽然没有原谅莫奈在巴黎不好好学习的过错依旧对其行使着经济制裁，可是心里想的却是只要莫奈能认个错，他就可以给莫奈买个替身去代他当兵，莫奈也能趁机被拉回家里。但是父亲的好心并没有被莫奈接受。莫奈听了父亲的建议后，思考了一段时间，对父亲说：“我是渴望去军旅当兵的，我渴望去体验一种不同的人生形态。历练和经历是能够给我新的灵感和触动的!”父亲焦急地劝导他，企图还能够挽回孩子的心：“这一去就是七年，你走了之后我怎么办，我们家怎么办?再说，你的绘画事业空闲了那么久的话，怎么能够成为一个可以赚钱的艺术家呢?”但莫奈很坚决，他不容父亲再劝导就毅然投奔了战场。

也许是骨子里的那种冒险精神，莫奈不仅投身了战场，还选择了到最困难的非洲军团去服役。没有什么能够比无尽的攻城拔寨、剑拔弩张、刀砍剑杀更让一个年轻的冒险家兴奋的了。尽管在军团中非常危险，随时都有可能命丧沙场，但是莫奈依旧保持着自己的好奇心和好胜欲，一点一点地融入了军旅生活中。之后有些人问过莫奈为什么要执着于最苦最累最危险的非洲军团，莫奈解释说："那是由于我的一个朋友也在非洲军团，他在那里很享受军旅生活。他把自己对于战争的狂热传染给了我，让我从一个小孩变成了一个冒险家。"

莫奈在部队中还不忘自己的绘画事业。人们经常看到他在没有交战的时候静静地伫立在部队的边缘，默默地看着前方昏黄的落日，或者月亮的薄纱。对于莫奈来说，在阿尔及利亚的日子让他见识到了许多从未见识过的东西，这是年轻的他从未想过的。每当空暇看着这非洲大草原的光与影，莫奈都有一种想把它们画下来的冲动。在那里莫奈第一次感受到了对于光与影的不熟悉感，这种迷惑也一直伴着他成长，他也一直在思考这种光影印象。正是这种对于感觉和印象的执着，让他在其后的创作历程当中，勇敢地和画面感觉与色调搏击，终于在之后的岁月里成为印象派大师。

1862 年，莫奈在阿尔及利亚服役过程中患了伤寒病，被送到家中休养。虽然莫奈固执地想等病养得差不多了就回到非洲去继续体验军旅生活，但是医生的一席话彻底粉碎了莫奈的希望。医生告诫莫奈的父亲说："虽然伤寒病不能夺去一个人的性命，但还是会对一个人的身体产生很大的伤害。就算莫奈会在不久的将来痊愈，伤寒病给他带来的损伤是不足以承受军旅生活的。他如果执意要回去一定会发生很严重的后果的。"

父亲听从了医生的劝告，硬生生让莫奈打消了回战场的想法。莫奈在疗养的六个月中，虽然因为不能够重回战场而感到伤心，但是还仍然坚持作画。对于不能回到非洲，他伤心的不是不能够在战场上厮杀，而是不能再去欣赏非洲的美景。于是在休养的阶段，莫奈一边回忆自己在非洲所见到的光影效果，一边投入更大精力作画。他试图去用色彩的差异表现自己所见到的那种影子所带来的温存，但是总是失败。不过他并没有放弃这种想法，反而在家中练习速写的时候刻意去留意影子给画面整体所带来的效果。

当莫奈的休假期满时，父亲趁机把他从部队赎了回来。

就这样，莫奈还是重新回到了勒阿弗尔港，重新回到了父亲的身边。

重回小镇，莫奈并没有像父亲预想的那样会安分一点，对自己执意在巴黎不去艺术学院读书心生悔意。父亲这次又错了。莫奈并没有停止自己不安分的绘画方式，仍然一个劲地跑到郊外去写生。或者是自己去，或者是和布丹老师一起去。

有一天，莫奈在去找布丹老师写生的时候看到了布丹老师家有一个陌生人。这个陌生人高大结实、亲切但又羞怯，看着小莫奈对布丹先生说：“布丹先生，这就是你常说的你那聪明的学生吧。”布丹老师点点头，向莫奈介绍道：“这位是琼坎先生，他最近凑巧也在勒阿弗尔画画，于是就和我见个面。他也是一个很厉害的海景画家，对于光线和色彩的拿捏都非常到位，莫奈你可要好好趁着这个机会向他学习啊。”

琼坎（1819—1891）是一位荷兰画家，常用水彩进行户外写生，然后再加工为油画，他的油画保持了写生稿的生动性，色彩感觉极佳。琼坎同布丹、莫奈常一起作画，琼坎可以说是印象派的直接启蒙者。

于是在之后的日子里，布丹、琼坎和莫奈结成了坚固的友谊，他们经常一起去描绘大自然。琼坎先生对莫奈的帮助很大，常常要主动看莫奈的速写，主动要莫奈去陪他画画，还向莫奈教授如何正确运用自己的方式绘画。琼坎向莫奈传授的技巧和知识，与之前布丹老师的教授，构成了莫奈完备的技巧和知识库。至此，莫奈才真正地完成了用眼睛观察事物的教育。

莫奈只有在绘画的时候才会真正感到舒服，没有什么比把千变万化的自然表现在纸上更让莫奈感兴趣的了。而在布丹、琼坎两位老师的悉心教导下，莫奈既体会到了自己绘画技巧的逐渐成熟，也更加深刻认识到自己的缺陷。于是在布丹老师的建议下，莫奈决定重回巴黎。

第3章：成长之路

格莱尔画室

莫奈在家中的表现让爸爸既高兴又无奈，高兴的是莫奈这么努力地在追求自己的梦想，无奈的则是莫奈追求的东西在他眼中看起来那么不切实际。父亲想，看起来莫奈这小子是注定要把一生献给绘画了，就随他去吧！

莫奈把自己想重回巴黎的想法告诉了父亲，在姨妈的力挺下，父亲终于同意了莫奈的要求。于是在1862年11月，莫奈又回到了巴黎。临行前，父亲语重心长地对莫奈说："孩子，你要老老实实找一个画室学习，切不可再吊儿郎当。要是你再不听我的话，我就立刻停止你的经济来源。希望你懂得为父的良苦用心啊！好好努力，争取成为一个厉害的画家。”莫奈理解父亲的用意，于是满口答应了。

为了不让父亲生气，莫奈进入了当时著名的格莱尔画室。画室老师格莱尔是一个严肃的学院派画家，是学院派的忠实追随者。但是格莱尔为人却十分随和，尤其是对待自己的学生，常常放任自己的学生们的行径。也许是忘不了自己在年轻时候求学的苦境，在开了格莱尔画室之后，对学生们照顾有加。格莱尔虽然严守学院派的教规，力求自己的学生以古希腊、古罗马的艺术做标准，但是却很少来到画室，更很少对学生们的作品进行修改。他每星期两次到画室里来巡视，观看每一个人面前的画板。他虽然很放纵学生们的题材和风格，但是也有暴跳如雷的时候，那一定是看到了有的学生在绘画过程中不注重素描而过分使用色彩了。他经常称那些显眼的色彩为“恶魔般的色彩”。

画室里的学生们都很用功，每天上午都在对着模特画素描或者油画。当然，这些人当中没有包括莫奈。莫奈一开始还能像其他人一样老实待着画模特，可是之后就开始懒散了。但是这种态度丝毫没有掩盖莫奈身上散发出的天才的光芒，仅仅第二个星期，格莱尔就发现了这个孩子的天赋异禀。在例行的一次巡视中，格莱尔站在莫奈的身后看了好久，就像是脚生了根一样。随即在下课后把莫奈叫到了一旁。

“年轻人，你是叫莫奈吧。”

“是的老师。”莫奈毕恭毕敬道。

“不错，嗯，真的不错啊！你把东西画得十分到位啊！但是有些风格上的问题你需要注意了。”格莱尔语重心长地说，“你把模特的特点画得太突出了，从而让这个模特没那么好看了。你看，这个模特个子很矮，你也把他画得很矮；模特脸有些不对称，你也画得不对称。这样的画充其量是把模特画得一模一样，可一点也不美啊！”

莫奈很疑惑：“难道不应该以事实作为基准进行绘画吗？”

格莱尔说道：“当然不是，你把自然的东西作为研究因素是对的，但是这种方式提供不了任何好处！你要知道，你在画一个人的时候，心中要以古希腊和古罗马的艺术为基准，就算再丑陋，也要把它想象成一个健美的人体，这样才能画出最美丽的画。这种风格，才是艺术最应该追求的。”

莫奈虽然嘴里应和着，但是心中却十分的不爽。老实说，这个劝告让他很震惊。因为这和布丹老师以及琼坎老师教他的完全不一样。他从小学到的都是要忠实于大自然，要把自己眼中所见到的事物表达出来。他把两种意见比较了一番，决定还是追随布丹老师的见解。渐渐地，莫奈和格莱尔之间没有了共同语言，筑起了一道防线。

因为绘画风格引起格莱尔不满的同学不止莫奈一个，还有一个巴黎人奥古斯特·雷诺阿，以及弗雷德里·巴齐依和英国人阿福列德·西斯莱。其中尤以奥古斯特·雷诺阿对格莱尔成见最深。一次，格莱尔看了一下雷诺阿的模特素描，不屑地说："哼，你就是为了找乐子才拿颜色随便涂一涂吧。"雷诺阿回答道："那是当然了！画画是会让我感到快乐，要是绘画都不能让我快乐，那我就不来这里了。"这个发自肺腑的回答，让格莱尔十分震怒，他认为这是对绘画的玷污。于是雷诺阿与格莱尔的关系也愈见紧张。

他们四个人的作品越来越让格莱尔生厌，那些趋炎附势的学生们也在故意疏远他们。这些画室里所谓的乖乖孩子，也不过是一群只会开黄色玩笑、做下流勾当的纨绔子弟。他们不谈艺术，也不懂艺术，只知道只要会好好画这些"美妙"的人体，就能够成为学院派的好学生。在这样一个没有理想与信念的环境下，莫奈等人受不了了。但是莫奈并不敢让父亲知道他要离开画室，就仍然按时到画室去草草画一两幅画来应付老师的检查，私底下却还像从前那样到处写生和寻访画家。

莫奈对朋友们说："我们离开这里，造反吧。这里根本就不适合我们作画，不适合我们成长，我们要到能够说真话、能够让我们好好画画的地方去。"但是雷诺阿、西斯莱和巴齐依却不敢公开在格莱尔画室造反。莫奈性格强硬、思想也较为开放，所以很快成为画室造反一派的领军人物。他公然向朋友们介绍从布丹老师和琼坎老师那里学来的绘画理念与技巧，以及他在烈士啤酒店里同其他年轻人争论库尔贝等写实派作家的情况。莫奈的讲述让这些封闭在画室里的人们接触到了美术学院以外的新思潮，点燃了这些人心中还未曾燃烧过的反叛与创新之火。

莫奈领导着这四人组很快就达成了共识，不能再在格莱尔画室浪费时间了。他们的新思想注定了在那个庸俗的朝代会掀起一阵波浪，但是也有着不被主流认可的危险。于是，深刻的使命感让他们开始脱离格莱尔画室，转而以卢浮宫名画为老师。并且，由于受到写实派的影响较深，他们主要研究的也是卢浮宫的风景画。他们清楚自己肩膀上担负的是什么，是一种抗争力！用真实描绘的大自然向那些迂腐的学院派说不！

事实上，不只是他们，当时那个时代的年轻人，大多数也是以卢浮宫为阵营，同美术学院抗衡的。在这里，这些年轻人可以随意选择自己所跟随的大师来进行作画，从过去的作品中找到自己真正需要的指导。这些年轻人，构成了之后十年，甚至一百年的巴黎画坛的中坚力量。

马奈的“开门”

莫奈一行四人不仅一同研究了卢浮宫的珍藏古画，还共同研究了科罗和巴比松派的艺术。他们十分欣赏科罗在描绘大自然风景时的独特方式，对库尔贝和马奈的风格也极其欣赏。

对于马奈，不得不说他给莫奈打开了一扇通向更高艺术的大门。

巴比松派，是巴比松画派的简称，是1830年到1840年在法国兴起的乡村风景画派。因此，画派的主要画家都住在巴黎南郊约50公里处枫丹白露森林附近的巴比松村，1840年后这些画家的作品被合称为“巴比松画派”。

莫奈从小受布丹老师的影响，原本对人体没有多大兴趣，但是偏偏吸引莫奈的马奈是个擅长画人体的画家。这给了莫奈极大的兴趣让他来研究人体构造。马奈独特的整体观念给莫奈打开了新的视觉世界。

爱德华·马奈（1832年1月23日—1883年4月30日）是19世纪印象主义的奠基人之一，1832年出生于法国巴黎。他从未参加过印象派的展览，但他深具革新精神的艺术创作态度，却深深影响了莫奈、塞尚、梵高等新兴画家，进而将绘画带到现代主义的道路上。受到日本浮世绘及西班牙画风的影响，马奈大胆采用鲜明色彩，舍弃传统绘画的中间色调，将绘画从追求三元次立体空间的传统束缚中解放出来，朝二元次的平面创作迈出革命性的一大步。

1863 年 3 月，《西班牙舞蹈》《推勒里宫音乐会》和《巴伦西亚的洛拉》三幅画在画廊展出时，整个艺术界都震惊了！莫奈等人也被这种新颖的画风所吸引。不错，这三幅画就是马奈的作品。他开创了一种新的透视画法，这种画法让原来的三维透视不复存在，而让颜色的对比作为立体感创造的源头。这种新奇的画风直接影响了莫奈等人。莫奈开始在风景画中用颜色差异代替传统透视，而雷诺阿也开始用这种方法表现女体。这次的画廊展览影响了一大批人，也使得新思潮不断地涌现。

新思潮的涌现让顽固的学院派统治者感到自己的地位受到了威胁。为了抑制新思潮的成长，自这次展出以后，沙龙的评审更加严格了起来，严格得几乎只在学院派的范围内找寻作品。曾经能够入选的美术家比如马奈、琼坎等人，也开始抱怨这种不开放的评审方式极大地增加了他们的画入选的难度。这让许多马奈和琼坎等人的追随者感到愤愤不平。莫奈就是其中之一，他心里想："一定要把这种不良的风气从巴黎驱散出去，让我们这些能够真正好好作画的人展示自己的作品。"

同年的这次沙龙落选了 4000 多件作品，其中不乏名家珍作。这让许多浪漫派和写实派，以及一些新派画家感到

西班牙舞蹈

不公，也着实在艺术界产生了一次骚动。这些落选的画作就像是学院派的老顽固们对那些非主流的画家下的战书：整个巴黎，还是我们的！就算这样，也有很多人对这些“失败”的画作感兴趣，于是联名上书恳请皇帝路易·拿破仑举办一个“落选作品沙龙”。皇帝也对这些落选作品蛮感兴趣的，想要看看这些小孩子的把戏到底是什么玩意，于是就同意了这个沙龙的举办。

老顽固们在暗中推动了这次“落选作品沙龙”。他们心里早打好了如意算盘：“反正皇帝是支持我们这边的，这些小孩子的玩意在皇帝眼里也不堪入目，正好打击一下他们的嚣张气焰。这样也能让更多的人明白这些稀奇古怪的东西是不入流的。”于是“落选作品沙龙”如期举行，老顽固们是想让这些失败画家得以展出他们的作品，受到人们的嘲笑。

老顽固们的如意算盘得逞了。整个展厅都充满了人们傲慢戏谑的笑声，人们对着这些所谓的“新派”绘画放肆嘲笑，大呼：“这就是小儿涂涂画画的东西嘛！”但是整个展厅里只有一处画作前没有那么多不恭敬的嘲笑，倒是有了好多的窃窃私语。这就是在马奈的《草地上的午餐》前，人们聚成一堆，感受着这幅画带给他们的新鲜感，仿佛腿上都长了磁石一般，站在那里不愿离去。

皇帝拿破仑刚好也走到了这幅画的附近，看到这儿聚了一大堆人之后，他心里十分疑惑："难道这些不入流的东西也有能吸引人的地方吗?"于是让下臣们把人群拨开，想要一睹个究竟。拿破仑走到画前，看到的是两个穿戴整齐衣冠楚楚的绅士同一个全裸的妇女在草地上坐着聊天，旁边还摆着一些野餐要用到的东西。最神奇的是远处的小溪旁还有一个穿着睡衣的妇女在走过来，虽然小溪离野餐地点有些远，但是穿着睡衣的妇女却和前面的这三个人一般大。这种极不符合立体透视的画让拿破仑非常不舒服，而其中那个"放荡"的裸女让拿破仑更加咬牙切齿。旁边的皇后看到了这幅画之后，羞得转过了头去。"哼！放荡的女人！不道德！"皇帝轻蔑地说道。于是，皇帝带着皇后，头也不回地离开了展厅。

站在一旁的莫奈看到了，于是就在想："裸女就是放荡的表现吗?"其实不然，拿破仑在不久前的官方沙龙里还高价买了一幅《维纳斯的诞生》，而这张巴奈尔画的维纳斯远不能同波提切利的杰作相提并论。不仅如此，巴奈尔在画维纳斯的时候其实就是参照着一个粉嫩放荡的裸女画的！马奈的画也是参照裸女而画的，只是比较真实地表

维纳斯的诞生

现出来而已。马奈想做的，就是撕开这些所谓的古典高雅的学院派们的遮羞布。那些“女神”们，本来就是以裸女画的，何必去给她们披上一层薄纱以“从天而降”来讨统治者欢心呢？与其以现代人为模板画女神，倒不如就去把真实的现代人画出来。应当去研究绘画的新风格新技巧而不是一味的美化。

马奈做到了。他不仅扯下了这块遮羞布，还让人们看到了这些新派的作品还是能够达到一定的艺术水准和高度的。而莫奈在其中看到的不只是对于“顽固派”们的挑衅，更多的是看到了马奈在作品中对他们的鼓励！没有固定的线条、没有细致的背景、没有精致的轮廓，有的只是明暗相间的色彩，一些果断而又不突兀的颜料应用，以及让人啧啧称奇的强烈的比例对比。这些大大鼓舞了像莫奈一样的青年艺术家们，这些反传统的年轻人们，把马奈视为偶像，成为他们心中领导者的那个斗士！

沙龙过后，记者阿斯特吕克振奋人心地写道：“马奈！他是当代最伟大的艺术人物中的一个，他的天才有惊人的决定性的一面；有一些反映了他的天性的尖锐的、严肃的与有力的某种东西，尤其是对强烈的印象的敏感。”从此以后，马奈成为这些新派画家的代言人，也带领着一大批年轻的斗士冲向自己理想的高地。

莫奈轻轻推开自己小屋的门，静静地望着天空。此时的他虽然脸上异常平静，可心里已经在潮水奔涌了！马奈就像是一个引路人，给莫奈打开了一扇大门，把莫奈从象牙塔中解放了出来。莫奈第一次看到象牙塔外的景色，是那么迷人、那么有朝气。莫奈第一次开始觉得，艺术家，就如同战士一样，是要在这广阔的自然中同一切事物搏斗的，而不应该像一个乌龟一样，一辈子缩在象牙塔内数着塔中有几块砖。现实主义的灵魂注入了莫奈的生命，他已经不再受尘世间其他事物的羁绊了。他的心中只有绘画。

莫奈的眼前浮现了布丹老师、琼坎老师、马奈等人的脸庞，以及他们的一幅幅画作。莫奈心中澎湃着对未来的无限渴望。这个年轻的画家同其他年轻画家一样，都看到了乌云后面金色的点点阳光。“是时候放晴了吧，”莫奈心里想，“门都打开了，天也该放晴了。”

锋芒闪现前的蛰伏

1863 年的复活节，莫奈和同学巴齐依一起到巴黎附近的枫丹白露去写生，那里有一个小村子叫舍依，离巴比松不远。莫奈在一开始选择这个地方，一是想着能不能去巴比松找老前辈们学习一下经验，二是因为这里有巨大的橡树和奇形怪状的石头，风景异常优美。他们一起在户外作画的时间越来越长，长到莫奈已经开始被这里的好天气好风景所羁留，不愿离去。一个星期之后，他们才依依不舍地收起画架，离开了森林。

莫奈的表兄图木虚看到表弟如此痴迷户外写生，于是提醒他说："这样早就抛弃了画室里的学习是严重的错误！这样会让你之后的道路困难重重的！"莫奈回答说："我并没有完全抛弃画室，我依旧在每周都去画室进修。但是这里，这片美丽的森林，是我不能拒绝的美丽啊。"格莱尔虽然对这四个人有偏见，但也不是个不明事理之人。他能看得出来这四个人身上异常的天赋，所以就算他们慢慢脱离格莱尔画室，格莱尔也很照顾他们。到了1864年年初，格莱尔的视力出现了问题，终于还是离开了画室，放弃了教学。在临走前，格莱尔把莫奈等四个人叫到一旁，语重心长地说："我知道我们的艺术见解不同，但是我还是能看得出来你们眼中的那股对艺术的高涨的热情。你们是要好好继续作画的，要明白现在这个时代看起来已经是一个压抑得过久的时代了。你们那些新玩意儿也许还真有出头之日。好自为之吧。有什么学业上的问题还可以随时回来请教我。"

就这样，这四个人从格莱尔画室结业了。他们又一起回到了舍依，共同研究森林。研究的过程是美好的，但也很辛苦。他们每天起很早就出来作画，到太阳落山时才会回去。这样的研究历程持续了好长时间，之后，他们偶然在森林里碰到了一批老一辈的巴比松绘画大师。莫奈非常高兴，急忙去找他们问问题，讨论绘画以及欣赏他们的画作。这些大师教给这四个年轻人很多技巧和表现方法上的经验，也默默地影响着他们四个人。莫奈受到米勒的影响最大，西斯莱则特别对科罗的作品感到痴迷，雷诺阿却受到了科罗和库尔贝两个人的吸引。他们或多或少都开始以一个巴比松画家的眼光来观察森林，来描述森林了。

不过，与那些巴比松派的画家们不同。他们并没有像前辈那样，在室外开始一个作品，画了雏形和线条之后，再放到室内去完成它们。莫奈认为虽然在室内作画有利于效果的塑造，还不会被大自然分神，但是却会让自己无法保留一开始看见风景的印象。而这种印象，是在画室里画不出来了，是你被自然之美震撼到的最初印象。莫奈他们自始至终就没有在画室里完成作品，都是在室外完成的。他们偏执地认为，绘画只有越接近他们的印象，才能越保留到最真实的最天然的东西。这样的想法把过去人们墨守成规建立起来的风格打得体无完肤，也注定了一场风暴的诞生。

没过多久，莫奈又和巴齐依到诺曼底写生去了。他们在翁弗勒的圣・西米翁农庄租了两间房子，房子建在悬崖上，遥望着英吉利海峡，而房子外面就是茂密的草地和广阔的森林。这里的美景吸引着这两个年轻人，也让他们更加废寝忘食地练习着绘画。他们每天早上 5 点钟起床，就匆匆背着画架出门，找寻到一块适合作画的地方就放下画架开始抓紧时间作画，一直到晚上 8 点钟才离去。这段日子，他们努力去感受周围所有的事物，流水、云彩、树木和光。努力找寻着一切能够增加美感的东西。莫奈兴奋地对巴齐依说："这里的东西都太美了！我们每天都在找寻它们，它们如此之多都让我开始脑袋爆裂了！每天去想这些东西怎么去画，怎么去表现，真的是一件很有挑战性但是却异常有意思的事情啊！我想我已经找到了一个能够奋斗一辈子的事情了！朋友，我还要努力还要奋斗，要锻炼自己的观察能力和思考能力，力图能够找到表达这些自然语言的方法!"

诺曼底是法国的一个地区。在行政上它被分为两个大区：上诺曼底由滨海塞纳省和厄尔省组成，下诺曼底由卡尔瓦多斯省、芒什省和奥恩省组成。

后来，巴齐依回到了巴黎，而莫奈继续留在了农庄。莫奈一个人的时候，更加痴狂地练习绘画，他不仅想把所有看到的事物都画下来，还想把不同季节不同时间的大自然都表现出来。因为他发现，不同的季节，一天中不同的时间，大自然的色彩都是会变化的，而这种变化会带给人们不同的印象。这个发现让莫奈十分地激动，也很苦恼。激动的是可以感受到越来越多的印象带给人们的不同的心情；苦恼的则是，这些不同的印象让莫奈觉得每天从早到晚画同一个地点的景色会带来不可估量的缺憾。

但是莫奈很快就有了一些经济上的问题。生活中的捉襟见肘让莫奈把自己的三幅油画寄给了远在巴黎的巴齐依，看看能不能找到买主换些钱。随画寄过去的还有一封信，在信中他写道："这些画都是我们在一起写生的时候画的，你看着我画过，都是完全的写生，没有任何刻意地模仿和修改。但是不得不说画风和科罗的画有些许相似之处，但这绝对不是模仿，这种朦胧的感觉是我看到的景色显现出来的。我在作画的时候是不会想到任何一个画家的，因为他们会影响我的笔触和色彩。"巴齐依虽然很欣赏同学的这些画作，但是也很为难，他知道现在巴黎的绘画市场，这些写实派的东西拿来看看还是可以，但是要想找到买主却是难上加难。主要购买绘画的还是那些资产阶级分子，他们都倾向去买古典派或者学院派的画来作为收藏，像这些风景画都是不入流的玩意。所以，莫奈的三幅画一幅都没卖出去。

在巴比克的森林里，科罗曾经告诉莫奈，"不要去效仿别人，因为效仿到最后都是在跟着别人跑。这样一辈子都是落后的。必须要朴素地完成每一幅画作，不要去受到你之前看过的任何画作的影响。这样画出来的，才是你自己的作品，才是有感情的作品。”这份说教非常受用，莫奈感受到了看风景起初感情的重要性。这些话也给了莫奈前进的方向。

在巴黎的初露锋芒

农庄的生活让莫奈感受到了发现的美好。有的时候布丹老师和琼坎老师也会来这个农庄写生。他们的到来并不是企图要改变莫奈的方向，而是尽力让莫奈发现自己的个性，教莫奈观察的方法和下笔技巧。莫奈很高兴两位老师的到来，因为对于他来说，布丹和琼坎不只是老师，更像是同伴，在艺术之路上跋涉的同伴。他们不去刻意教莫奈固定的东西，而是传授给他规律，然后陪着他一起作画。这样莫奈在两个同伴旁边获得了很多经验，也讶异原来还有这么多能够去了解的。其中琼坎的影响更为远大，是他把印象这种理念传授给了莫奈。在琼坎眼睛里，画面应该捕捉的是事物在特定时刻特定环境的出现带给人们的印象，而并不是再现事物本身。他在绘画的时候就会把同一地点不同时刻的印象画出来。莫奈遵循着琼坎的足迹，画了两张诺曼底的路，一张白雪皑皑，一张乌云密布。在画这两幅画的过程中，他第一次不注重事物本身，而是注重事物所存在的气氛，并把气氛作为了主要研究方向。这让他对于大自然的理解更深了一步。

1864 年年底，莫奈带着许多画回到了巴黎，一同带来的还有自己对于绘画的感悟。在农庄里他感觉到了深深的孤独感，这种孤独感是建立在家人的不理解和朋友们的不在身边。但是这种孤独感却给了莫奈无比冷静的大脑和创作的饥渴。回来之后他对巴齐依说："完全的孤独确实能够带来一些不为人知的感受，能够领略更加神秘的自然。如果每天都在巴黎和那些只知道玩的朋友在一起，工作上的事情就都不知道了。"

第二年年初，莫奈和巴齐依在巴黎租了一间画室来专心作画。年轻人还是喜欢热闹的，他们一起去参加了很多社交活动，围绕着绘画、音乐、文学等方面的问题进行了讨论。但是和从前的那个莫奈不同，现在的他已经不是很热衷于这些精神活动了，反倒是想找一个安静清幽但是景色秀丽的地方去练习绘画。此时的他只是盼望这个漫长的冬天能够早点结束，这样他就可以去继续拥抱大自然，回到他依旧念念不忘的枫丹白露森林里去，去完成他野心勃勃的画作。

他野心勃勃的画作主题是仿照着马奈的《草地上的午餐》，主要也是表现一群闲游者在野餐的情形。说他野心勃勃，是因为这幅画实在太大了，大到不可能带到森林里去完成。他只能白天去森林里把一些局部画出来，然后晚上根据白天的习作再加工。终于冬天过去了，春天到来了，莫奈马上回到了舍依，回到了他魂牵梦萦的地方。莫奈终日什么都不想，就想着能够把这幅画早日完成。他明白自己内心的呼喊，如果他不把这种场景和感觉画出来的话，他会疯掉的！

但是天公不作美，这幅画本来能够赶上 1865 年的沙龙评选，但是却因为莫奈的受伤而搁浅了。在一次外出过程中，莫奈不小心把自己的腿弄伤了，因此不得不卧床休息。闻讯赶来照顾莫奈的巴齐依深知他根本不可能安静地卧床，于是就尽量帮助莫奈站起来作画。等到莫奈能够自己站起来后，就马上全身心投入到了创作中去，但是还是没有赶上沙龙评选。

草地上的午餐（莫奈）

草地上的午餐（马奈）

就在莫奈能够起来作画时，同时进行的是沙龙的评选。这次沙龙的评选和往常有很大的不同，在库尔贝、马奈以及大批巴比松画家们的强烈要求下，一些陈腐的条例不得不被废除了。老顽固们也开始屈服了，把评审的权利下放给所有的美术家们。新的规定只有四分之一的评审委员是当局任命的，但是有四分之三的委员是由参与画展的画家们共同推举出来的。这样一来画展对于一些新兴的势力有所放松，也让更多的有才能的年轻人如愿以偿进入画展。

在这样宽松的条件下，莫奈也展出了自己的作品。他展出的两幅画是塞纳河口的风景，是之前莫奈在塞纳河口写生的时候创作的。为了防止徇私，这次的沙龙展览是按照名字的字母顺序放置的，莫奈和马奈的名字只有一个字母之差，所以被放在了同一个展厅相邻的位置。开幕的当天，马奈刚刚走进了自己的展厅，就有人向马奈庆贺展出的成功："您的两幅海景画还真是漂亮啊，很独具一格。"马奈很疑惑："什么海景画？我今年没有展出海景画啊。""就是前面围着很多人的那幅啊，说实话，画得太棒了！"马奈走上前去一睹究竟，起初他还以为是主办方把名字写错了，后来才发现，这不是自己，而是一个叫莫奈的后生晚辈。

马奈很快被这两幅画吸引了。独特的视角和配色让这幅画一看就知道不是用的在室内完成描绘户外景色的方法，而是在户外直接写生而成的。马奈一边感叹着后生可畏，一边默默地欣赏着这两幅画。片刻过后，他开始不得不承认一个事实，这两幅画，比他自己画的海景画还要成功。马奈预感，一场由这个孩子领导的旋风即将刮遍整个巴黎。

莫奈的作品终于崭露了头角。美术评论家保罗·曼菲为莫奈的画专门写了评论："对于颜色的和谐的审美力、对于明暗层次的感受、令人感动的整体效果、观察事物和吸引观众的大胆手法，这些都是莫奈先生所具备的素质。他的作品《塞纳河口》使我们在经过的时候不得不把脚步停下来，而我们永远不会忘记他，从此我们一定会对这位诚恳的海景画家以后的作品产生兴趣。"

这次的成功对于莫奈来说无疑是突如其来的。它仿佛给莫奈打了一剂强心针，让莫奈终于在黑暗的前路中看到一丝光辉。但是，他却无心长久享受这种兴奋的滋味。他心里面只惦念着一件事情，那就是巨幅画作《草地上的午餐》。

莫奈回到了舍依去继续完成他的画作。这次的作画并不是孤身一人，而是有布丹和库尔贝相陪。库尔贝在与自

塞纳河口

然的接触中显得那么从容不迫，游刃有余。他运用不同的笔触和调色的熟练程度让人赞叹。同时，库尔贝还是一个十分有精力、十分活跃的人。那段时间，他的热情让所有人都热衷于工作。莫奈很欣赏他的粗犷的风格，不注重细节，只突出整体效果。但是同时，莫奈也看到了这个反传统旗手的不足之处，那就是还没有摆脱百年来油画以棕色为主的束缚。库尔贝时常让莫奈在暗底子上作画，那是一块棕色的画布，这样是为了便捷地调光和色块。但是莫奈深知这种方式是学院派画家一直奉行的。他们在临摹变了色的古画时经常采取这种方式，长期以来造成了棕色调最高贵的错觉。

莫奈很讨厌这种一直流传下来不假思索的东西。他认为作画的方式应该取决于自己的风格而不是传统。所以他没有采纳库尔贝的意见，直接用了白布作为画布来展现景色。碧绿的草地，湛蓝的天空和雪白的云朵，都通过莫奈的视觉直接落到了画布上。他从来没有在绘画前就想到画作的最后效果，而是在一边绘画一边绷紧视觉神经来观察周围的景色。但是库尔贝还是对莫奈有一些影响，就是莫奈开始喜欢用面积很大的画布作画了。

不久，画作进入了收尾润色阶段。《草地上的午餐》

是莫奈当时画过的最大的一幅画，在最后的表现上虽然有自己的想法，但还是没有什么信心。那段时间，库尔贝经常来看他，也对这幅画的修改提出了很多建议。当时的莫奈正在一筹莫展之际，库尔贝的建议给了他很大的助力。但是当画作完成的时候，他却越看越不顺眼。“这幅画明明是我莫奈画的，为什么无论怎么看都有库尔贝的痕迹呢？这还能叫我的画么！我太后悔没有坚持自己的意见了。虽然犹豫不决，但是也不应该过分听库尔贝的啊。”

莫奈开始烦躁了起来，这就像自己精心养大的孩子，到最后却越长越像邻居。终于，他下决心抛弃这幅画。由于他没钱付房租，就把这幅画留在了舍依抵债。同时抛弃的，还有1866年沙龙的入选资格。但是莫奈并不后悔，这幅画，就算留下，对于莫奈来说也是一道伤痕。

这个女人照亮了前路

从舍依回到巴黎，莫奈心中无比的烦躁。一来是他否定了自己付出了很大精力和心血的《草地上的午餐》，二来则是因为这幅画的缘故，他已然找不到任何的突破点来让自己变得更有技巧。正当他陷入了无限苦闷之中的时候，一个人悄然走进了他的世界。

能轻易走进一个痴迷于绘画的浪子世界的人，要么是一个更为技艺高超的画家，要么就是一个女人。只可惜当时的世上，绘画理念和技巧能出莫奈之右的，几乎无人。但是，就是有这么一个女人，默默地走进了当时莫奈的困顿的世界。

有一天，莫奈在画廊里闲逛，一边看大家的绘画一边想着自己的突破点。这个时候，一个女人进入了莫奈的视线。莫奈见到了这个女子，暗暗大吃一惊，天下还有比这女子更美的人么！眉清目秀，肤白貌美，线条匀称，气质出众，这些词语用来形容这个女子再不为过。莫奈只想着这个世界上只有绘画才能让他感觉到快乐，感觉到舒心，但是绝没有料到自己终究也还是一介凡夫俗子，在美色面前还是不能把持住自己。大自然固然是美好的，但是在这个女子面前，都显得那么暗淡无色。莫奈春心荡漾了许久，终于下定决心要认识一下这个女子。

经过人们介绍，他们相识了。这个美丽女子名叫卡美伊，是一户商人家的女儿。莫奈的春心萌动，常常邀请卡美伊去他的画室参观，也极力邀请卡美伊作为他的模特。卡美伊对这个天赋异禀的年轻人也有好感，于是答应了莫奈的请求。卡美伊的到来，就像一道阳光一样，射进了这个穷孩子的简陋画室，让莫奈重新燃起了对于绘画的渴望并且有了创作的灵感。莫奈在学习油画之后就很少给人做画像了，性格孤傲的他怎么可能认为这世界上有人会比自然更美，更有灵气呢！但是自从见到了卡美伊，心中的欲望便不停地燃烧着，让这个年轻人重新得到了动力。

趁着这股劲头，莫奈在几天之内大笔一挥，一蹴而就，完成了一幅卡美伊的全身肖像。这幅肖像莫奈取名为《穿绿衣的女士》。整幅画充分表现了莫奈大胆的构图和创新的姿态，因为无论是色彩对比的明亮还是在构图上的意外都使这幅画多了那么几分随意。卡美伊曼妙的身姿仿佛是刚刚从画外走进来，回眸一颦，尽显典雅的贵妇气质。虽然整幅画的比例略显不协调，卡美伊的脸显得有那么一点小，但是莫奈刻意把脸部的色彩突出了出来，让整幅画的焦点依旧落在了这张脸上。不仅如此，厚重且有质感的衣服，微抬起来的手，和半转过来的头，都让卡美伊显得那么心事重重。这种神态上的成功刻画让整幅画都栩栩如生

穿绿衣的女士

地显示出了卡美伊的动人形象。莫奈完成了这幅画之后对此十分满意，一扫《草地上的午餐》带来的种种不快。他觉得，这幅画又能够给他带来事业上的新起点了。

果不其然，《穿绿衣的女士》和莫奈的另一幅风景画《枫丹白露森林之路》双双入选了1866年的沙龙。跌入谷底的莫奈再一次成功了。当时有个画商请求莫奈根据这幅画再画一幅比较小的《穿绿衣的女士》，然后把它带到美国去出售。报刊上则称这次莫奈的成功是时代的胜利，莫奈的名字又重新回到了勒阿弗尔老家。爱慕虚荣的父亲则因为莫奈给家族赢得了荣誉而重新给莫奈以经济支持。仿佛一切都回到了正轨，莫奈也认为自己的好日子来了。

对于《穿绿衣的女士》，自由主义创始人左拉给予了崇高的赞扬，他向全世界喊道："莫奈，是这群画家里最有气质的人！一个强大的解释者，已经能够去表达枯燥无味的细节了！"莫奈已经是一个整合了理想主义和现实主义的年轻一代的领头者了。

左拉，自然主义创始人，1872年成为职业作家，是自然主义文学流派的领袖。19世纪后半期法国重要的批判现实主义作家，自然主义文学理论的主要倡导者。

再次成功让莫奈十分感激卡美伊，心中对卡美伊也尽是喜爱之情。终于，两情相悦的一对年轻人擦出了爱情的火花，卡美伊也不顾父母的反对毅然决然和这个穷画家在一起了。在爱情和事业的双双滋润下，莫奈又重新燃起了探求的渴望。莫奈开始继续全神贯注于“对光和影的实验”。这种实验是莫奈在舍依画风景画的时候就开始追求的，力图让自己的画能够从光与影的对比中，凸显美景给人们的最初印象。于是，他决定开始画一些城市风景。在卢浮宫的阳台上，他支起了画板，画出了《圣日尔曼·俄塞罗瓦教堂》和以泛神庙为背景的《公主花园》这两幅风景画。

莫奈把《公主花园》卖给了有着一家小小颜料店的拉叶虚。拉叶虚的一些顾客很喜欢在他的小店里面讨论问题，他也偶尔会买他们的作品，并放进展出的橱窗。但是当他向人们展出莫奈的《公主花园》的时候，得到的不再是人们的议论和赞美。杜米埃直接不耐烦地让拉叶虚把这个可怕的画拿出橱窗，马奈也在看到这幅画的时候，轻薄地对朋友说：“看看这个年轻人，他企图把光画出来哎！也只有愚笨的古人才想过这样的做法！”但是也有人对于莫奈的野心感到欣赏，那就是狄阿兹，他很看好莫奈的这种实验，并且认为这样的实验终会成功，莫奈也很有前途。

莫奈可不在乎别人的说法，他的野心更加庞大，他要去除所有绘画的障碍，让光和影不再束缚画家的用笔。他构想了一幅宏伟的巨画，这幅画跟《草地上的午餐》那幅画一样巨大，但是再也不能像那样在外面速写之后又在屋子里补充了。为了达到最好的户外作画的光影效果，他在花园里掘了一条壕沟，然后将油画的下半部分放了进去，这样他就能够在地面上画画面的上半部分了。

一直对莫奈很感兴趣的库尔贝会经常来到莫奈的院子里看莫奈画画，一看就是一天。有一次，库尔贝在院子里等了一天莫奈都没有动笔，于是斥责道："你怎么整天都不动笔！你也开始不思进取变懒了吗？"莫奈不动声色地回应道："这是一幅阳光下的作品。我在等候阳光。"库尔贝说："何必非得等阳光，画面的构造你不都已经想清楚了吗？再说，你可以先画背景，随后再画你的光啊。"莫奈默不做声，但是心中已经坚定了不再听从别人的意见。这次他没有再接受库尔贝的建议，而是一心想着，只有在整个绘画过程中都采用同样的光线，才能达到印象与画面的和谐统一，这也才是户外作画的关键。要不然的话，户外作画就没有什么意义了。他开始用这些方法来画《花园里的女子们》，模特依旧是卡美伊。

当时的法国绘画，人物形体仍然是主流，无论哪个派别的画家都会去画一些人物来磨炼自己的技术和构图。连库尔贝也是画的以人物为主体的风景画。但是莫奈这次是下决心摆脱库尔贝的影响和干扰，专心研究人物与风景的交融，尤其是在有光线的情况下。此后库尔贝依旧经常来院子里看望莫奈，并且给一些建议和意见，但是莫奈充耳不闻。库尔贝开始责怪莫奈的时候，莫奈也毫不理睬。他现在已经下决心主动去寻找属于自己的独特画风了。

莫奈在作画时开始采用大号的笔以迅速的笔触来作画，把颜色涂得异常的厚，从而企图制造光线的渐变。而且在画面的突出部分，坚持用轻快的平色块，并在周围辅以厚重的暗色块来衬托。同时，厚重的色块把整幅画分成了受光和背光两部分，让画面之外仿佛是有光线照射一样。当时去看莫奈作画的还有一些女性朋友，虽然都不懂作画，但是对莫奈的实验很感兴趣。尤其是对于光感的测试。她们常说：“在莫奈的画前，我总是忍不住要把阳伞向那边偏。”因为光的效果表现得太突出了！让人都能够“看”到画中的光线。

这幅画称得上是莫奈第一幅成功的户外对光作品。由

花园里的女子们

于没有了外人的干扰，完全是自己的风格与探寻，这让莫奈对光线的研究兴趣更多了几分。1866 年秋天，他又乘兴画了《勒阿弗尔附近的海滨平台》。这次的绘画不仅利用了之前成功的对光画法，又融合了一些小笔触来突出细小纹路和光线的颤动。这种效果让莫奈十分欣喜，他已经得到了光线操控的奥义了。通过新的色彩、新的用笔、新的构图，莫奈冲破了其他画家对他的影响，开创了自己的风格和流派。现在的莫奈，已经不是那个临摹别人画风的年轻人了，而是乘风飞到了艺术之巅的大师。

困境重重

艺术家是理想主义者，对于现实的生活总是会有一些不能面对。虽然是成功地作了许多画，但是莫奈的生活并没有好起来。家里的经济支持也不能让他填上之前欠下的好似无底洞般的债。为了躲避债主，莫奈不得已回到了勒阿弗尔逃避债主。

临走之前，他看着自己的200多幅画暗暗发愁。这些画怎么能够顺利带回老家而不被发现呢？整幅的运走显然是不太可能的，这样一来风声这么大，一定会招来那些债主们的哄抢。他思索再三，决定只带一些比较重要的画，然后把带不走的画全都割破。尽管这样，他的画还是落在了别人手里，并被贱卖了1000多法郎。

重回勒阿弗尔，莫奈并没有比之前好过些，经济上的窘迫还是让莫奈不得不简朴度日。连画布都买不起的莫奈只得让巴齐依把他留在巴黎的画拿回来，然后把上面的颜色什么的刮掉，重新用这些旧画布作画。生活上的窘迫并没有让卡美伊离这个穷小子而去，反而让她更坚定了留在莫奈身边，陪伴他度过这最困难的一段时光。这位温柔贤淑的姑娘陪着莫奈就这样一路走下来。与此同时，他们欣喜地发现，卡美伊怀孕了。莫奈感到了一种前所未有的责任感。为了未来的小宝宝，莫奈心中想："现在再艰难再困苦，也要挺过去。我已经不是一个人了。虽然有了这个宝宝生活会更加的窘迫，但是也一定要更加充满信心地在自己的事业道路上走下去。"

勒阿弗尔不同于那些繁华的都市，美丽的风景似乎就是为懂得欣赏它的优秀艺术家们准备的。风景依旧美丽的勒阿弗尔用自己张开的怀抱迎接了游子的回归。要知道，一心研究艺术的道路是艰难且孤独的，但是莫奈相信自己的道路是正确的。这种坚定的信心让他有勇气面对困难，并且忍受自己所处的困境。不过经济上的困难并没有把莫奈打倒，精神上的追求让莫奈在这样的窘境下逐渐形成了自己的画风：色彩越来越丰富，对比越来越明丽。这个时候的莫奈再看看之前自己画过的画，做过的实验，颇有点幼稚的感觉。

巴齐依作为莫奈的好友，在莫奈让他把旧画送回勒阿弗尔的时候就感受到了莫奈此刻应该处在经济很困难的阶段，后来多方打听果然是这样。巴齐依决定帮助自己的好友。他出了 2500 法郎买下了莫奈的《花园里的女人们》。但是巴齐依也不是什么富家子弟，他手头上的钱不够一次交付给莫奈，于是他按月付给莫奈 50 法郎，以解燃眉之急。但是巴齐依的善意之举，并没有把莫奈从没钱的泥沼中拯救出来，父亲的一些情绪甚至让莫奈陷入了走投无路的境地。

虽然卡美伊孕有一子，但是似乎父亲并不认这个儿媳妇。莫奈心中很痛苦，他现在不仅要面对艺术上的困境，还要处理一个家庭的矛盾。父亲已经明确表态，如果莫奈不和卡美伊断掉关系，他就会和莫奈断掉关系。没有经济支持的莫奈只得将卡美伊留在了巴黎，过着两地分居的生活。1867 年莫奈的儿子约安在巴黎降生，但是莫奈却没有钱买火车票去看望这对可怜的母子。这个时候巴齐依又伸出了援手，在巴黎做了孩子的教父，代莫奈照顾他的妻儿。现在的莫奈，就在等着自己的画能够卖出去一部分，好得到一些暂时的经济支持。但是，《花园里的女人们》落选当年的沙龙展出，着实狠狠地打了莫奈一拳。

1867 年的沙龙展览，保守派的势力有所增强，这完全归咎于当时巴黎的一次新的世界博览会在同期举行。为了向世界展示巴黎的学院派的“领袖气质”，不惜将当时在走新派道路的人们纷纷拉下马。库尔贝、马奈、塞尚等已经开始被主流认可的大名家都纷纷落马，这对莫奈的打击极为严重。莫奈本来是要趁这次沙龙展览卖出一些画来赚得生活费的，但是自己和好友的画都没有被选中让莫奈最后的一点希望也破灭了。

世界博览会又称国际博览会，简称世博会，分为两种形式，一种是综合性世博会，另一种是专业性世博会。世博会是一项由主办国政府组织的或政府委托有关部门举办的有较大影响和悠久历史的国际性博览活动。参展者向世界各国展示当代的文化、科技和产业上正面影响各种生活范畴的成果。

但是库尔贝和马奈并没有向官方沙龙低头，他们各自开了一个个人展会，但是参观者甚少，一点儿也不像前两年那么成功。难道是他们的画没有以前好了吗？其实不是，是他们没有比之前更好。人们的审美逐渐适应了这些新派的绘画之后，库尔贝和马奈等老一辈的探索者就在名利之前变得更加谨小慎微了，生怕破坏掉了好不容易培养起来的大众审美。而对于莫奈等更年轻的一派人来说，名利本来就是身外之物，更重要的是艺术本身。他们怀着无比的热情，试图以取材、笔法和色彩方面的创新，让陷入死水的艺术焕发出它本来的样子。他们已然超越了自己的前辈，好似奔腾的洪流一般向前奔涌而去，冲破所有的阻拦。现在莫奈等人想的就是要从此不再送审任何作品，自己组织展览！但是这些新派画家除了热情高和创新精神外，还有一个共同点就是——穷。贫穷的他们只得将自己组织展览一事暂时抛开，开始着手解决自己的生计问题。

为了照顾妻儿，莫奈在这年离开了老家勒阿弗尔，定居在了圣·阿德烈赛。没有钱找住的地方，他们只能寄人篱下住在姑母家。在姑母家的日子异常艰辛，长辈狐疑且鄙视的目光让莫奈受尽凌辱。但是他只能把苦水往自己肚子里咽，幸好这个时候还有美景可以让他欣赏和绘画。1867 年 6 月，他向巴齐依写信道："我在这里已经画了 20 多幅油画。这些优美的海景让我觉得把这些画面定格住真是一件美妙的事情。过些时日我会回到巴黎看望你们，顺便把一些画拿回去给你们看一下。"

果然到了秋天的时候，莫奈带着一些油画回到了巴黎。巴齐依十分兴奋地跟莫奈说："你就好像是从天而降似的，把这么多美丽的油画带到这里来。想不到你的画现在变得如此美妙。"这些画尤其是海景画，让莫奈的朋友都赞叹不已。莫奈很巧妙地把水面映着天空的颜色，然后水面的景物被水波扯得乱七八糟的情形画了出来。而一些光线与水面的交织也用独特的绘画技巧解决了。这些光线画让莫奈的朋友们大吃一惊！想不到莫奈还能有如此技艺。巴齐依想："现在的我们，可是远远被莫奈落在身后了。"

但是不久之后莫奈不得不暂时停止了户外工作，因为他发现他的眼睛有了毛病。雪上加霜的是，因为莫奈不愿意和卡美伊分手，老家还是断绝了给他的所有经济支援。莫奈空有一身好本领，却不名一文。寒冷的冬天到了，莫奈甚至没有钱去给卡美伊和孩子买煤取暖。虽然他在1868年的“国际海景展览会”上获得一枚银质奖章，但还是没有能推动他卖画的事业。前所未有的困境缠身，让莫奈感受到了屈辱、不公和失望。看着眼前的一团漆黑，莫奈在漫长的黑夜也只能流下伤心的泪水。

第4章：印象派横空出世

困境后的曙光

漫长的黑夜还是能够等得到黎明的曙光，生活不总是充满坎坷，只要往前走，还是能看到胜利的希望。莫奈在困境中虽然消沉了一段时间，但是一个好消息还是让他重新得到了振奋。

1868 年的沙龙展览，本来是让莫奈不抱有希望的一次沙龙，但是巴黎传来杜比依再次当选沙龙评审委员会委员的好消息。这个消息让许多新派画家兴奋不已，这表明他们的画是能够重新登上沙龙舞台的。对于莫奈来说，这也是一个难得的机会。

果然，杜比依的上台立竿见影，许多新派画家的新作品都被选入了沙龙展览。其中包括莫奈的《船》。那幅《船》画得异常真实，画面上深浅不一的蓝色直接把人们的视线延伸到了天水相接的地方。几艘船你追我赶，在海面上泛起阵阵波纹。船帆被风鼓得很饱满，宛如透明的羽翼。这些水波映着天色，让人们赞叹不已。画面上的光一目了然！

虽然组委会还是在一味地刁难这些新派画家，把这些人的作品挂在了很偏的位置，但是这并没有让人们忽视这股强劲势力的存在。他们再一次成功了。人们在这次画展中看到了这些新派画家们的决心和能力。很多艺术家前辈也对这些人啧啧称奇。莫奈小时候的恩师布丹看到了莫奈展出的画之后十分欣慰，并对身边的人说："在沙龙里，我看到的莫奈的画，同我之前看到的一样，还是真实的！这种真实的调调，是应该让每个人所尊敬的。"

沙龙过后，莫奈离开了巴黎，生活并没有变好很多。窘迫的他不得不再向巴齐依求助：

"现在的情况一定是我之前所未曾想到的。我一直觉得我对于绘画的新理解和新手段能够给我带来一份比较满意的回报，哪怕是能够让我生存的回报也好啊！可是事实

船

上我愈发觉得我生不逢时。我已然一无所有，刚刚被赶出了旅馆，却还不知道明天能够在哪里睡觉。我现在一贫如洗，贫困如影相随。我已经把可怜的卡美伊和小约安安顿到乡下住几天。而我却不得不回勒阿弗尔寻求一些老乡亲的帮助。我的家人因为卡美伊的缘故不再支持我。我很难再找到收入的途径了。我曾在漫漫长夜中想到过死亡，但是一想到自己未竟的事业又难以让自己平复下来。——你困顿的朋友莫奈”

莫奈沦落成这个样子与他天生的傲气是分不开的。很多艺术家都是这样，为了保持自己创作的纯洁性和自由，他们放弃了各种可观的收入和较高的地位。这种理想与现实的碰撞一不留神就会让这些纯洁的艺术家们粉身碎骨。但是为了理想的升华，他们甘愿一个个去挣扎在现实的困境中。当时处于经济上窘迫的不只是莫奈一个人，还有他的朋友雷诺阿。他们在这种现实的困苦中不断磨砺自己，主动承担起思考的痛苦，让自己的心保持作为一个艺术家的价值。这种困苦磨难下的灵魂，一定是很芬芳且光芒四射的吧！

莫奈回到勒阿弗尔寻求帮助果然收到了一定的成效。家乡的老主顾高第贝给了莫奈一笔不菲的津贴，让他去一个安静的地方画画。高第贝经常买莫奈的画，对莫奈照顾有加，甚至超过了他的父母。这样一来莫奈又有钱来买颜料和画布了，也有了钱来支撑自己的生活。

莫奈把卡美伊和儿子约安带到海边安顿了下来，日子依旧清苦但是不至于生活不下去。在此期间，莫奈得到了暂时的安定，这份安定也让莫奈的创作火焰重新燃烧了起来，并且越来越旺。

在海边期间，他又给巴齐依写信道：

“我觉得我已经爱上了在大自然生活的感觉了。这里很美，不仅有美丽的景色，还有我最爱的人陪在我的身旁。当有风浪或者有帆船的时候，我都会到海滩上去欣赏风景并研究水波的画法；有的时候我会到乡间去，去看树下投下的光斑是怎样摇曳的。这里的景色很美，美到我现在想要不停地工作把它们都画下来。我相信今年我会作出一些新的严肃的东西。

“你知道吗，我希望永远都能在大自然生活。这里的宁静让我反感巴黎。我不羡慕巴黎，所以我不羡慕你的处境。我相信在一个嘈杂的环境里很难做成一件事。难道你不觉得大自然给你带来的孤寂是最好的创作灵感吗？我在这里走得越远，越觉得巴黎的所见所闻反倒是一种迷惑。

这种迷惑会让你止步不前。现在我开始寻求真正的自由的感觉了。我走得越远，发觉自己懂得越少。这种苦恼不仅不让人心寒，反倒是让我更加充满了劲头去工作了。”

在大自然生活的莫奈也不会忘了时常去找大家讨论一些关于绘画的事情。他觉得总是在自然生活难免孤寂的感觉会消磨斗志，为了消除这些孤独感和让自己不那么落伍，莫奈偶尔会和艺术家们在巴黎相聚。他们常去的一个地方叫做“盖尔波艾斯”，是坐落在巴黎的巴提约尔大道上的一家小咖啡馆。同之前的“烈士啤酒店”一样，这里每晚都会充斥着艺术家活跃的演说、讨论和争吵。这些人同“烈士啤酒店”的人一样，有着无比的创作热情和新锐的思想，常常能够迸发出异常精彩的“火花”。莫奈曾是“烈士啤酒店”的领军人物，但是在这里他却不愿意再去挺身上前。岁月仿佛已经磨掉了他年轻时几乎偏执的斗争精神，带来的只有痛苦过后的麻木。但是他的观点依旧存在，自信心依旧存在，梦想依旧存在，不同的是他已经没有那么傲慢地想表现自己了。

莫奈在“盖尔波艾斯”得到了许多有用的信息，也看到了很多往时的朋友。他在这里倾听更大于诉说。他对巴齐依说：“没有什么比听这些冲突的话语更让人感兴趣的了。不管是什么新的思想，在一群人的讨论下好点子也会像演讲一样喷薄而出。这些争论让我们思维更加振奋和活跃。果然有的时候还是一群人的思维总和能够给人带来不一样的感觉。”

在这里，“阴影”是一个经常讨论的问题，这也是受莫奈对于光的研究的影响。马奈主张光是统一的，用一个调子就应该能表现出来；事物分成明部和暗部就可以了，有时候宁可在明暗相接的地方突兀一些，也不要堆砌那些我们很难看到的阴影的着色。但是莫奈和一些同伴却反对这种简单粗暴的方式，认为就算是暗部也是有颜色的。

其实从人的角度来说，确实是这样子的。物体在远离光源的阴影部分，并不是完全变黑，而只是变暗一些，暗部还是有很多颜色的。这些颜色虽不如光照射下的部分颜色丰富，但是却足以体现一个人的最初印象。如果能够摆脱暗部一味的黑色构造，完全可以使画面的明亮度更提升一个档次。

于是，为了能够更加凸显这种暗部的色彩，莫奈、西斯莱和毕沙罗开始研究冬景。他们研究冬景的目的很简单，就是因为在夕阳的照射下皑皑白雪不是黑色也不是原本的白色，而是受周围反射阳光的东西的影响。这种影响产生的效果就是光的暗部不再是色彩不鲜明，而是可以用各种明朗的颜色表现出来。他们甚至还研究了光的组成，用三棱镜分析太阳光谱，还特别去看了由法国光学家所写的《色彩的秘密》一书。这些对于光的探索，加深了莫奈等人对于光的印象，但是随后带来的争论已经不局限于光与影的表现问题了，而是需不需要外光。一方面，以莫奈为首的一些画家都在赞叹光的多样性，崇尚户外作画带来的特殊效果；另一方面，马奈等人则开始反对户外作画，进而有些反对光的复杂应用。

平时的争论并不能够给莫奈带来收入。没有钱就没有办法买颜料和画布，没有颜料和画布他就没有作画最基本的工具。这种没有希望的生活本来应该在 1868 年随着沙龙的开始而结束的，但是他并没有想到的是这次的沙龙他又落选了。这种前所未有的绝望让他不得不又向巴齐依伸手求援。但是巴齐依并没有比莫奈过得更好，在莫奈没有颜料了之后，巴齐依只能典押他的表来换取一些钱支援莫奈。处境同样艰难的不只莫奈和巴齐依，还有雷诺阿。雷诺阿有时候还会给莫奈带面包吃，但是他也欠了一屁股债，根本偿还不起。尽管他们处境艰难，莫奈并没有失去信心。他总是鼓励雷诺阿要面对现实寻找希望，也常常跟巴齐依沟通来想解决问题的办法。他们总是想着：会到来的，苦日子的尽头会到来的。

莫奈和雷诺阿此后常常去拉·格勒鲁依叶去寻求灵感。那是塞纳河上的一个沐浴的地方，以水为主题的美景衬着泛着水波的河流和欢乐的沐浴者。莫奈找到了灵感却无法继续工作。随后，他向巴齐依又诉说了自己的痛苦：

“我的工作不得已停下来了，我很想再次工作，但是我没有了颜料。最近这一大段时间我几乎什么也没做，没有面包、没有颜料，没有生活上的保障又怎么能够创作呢？连基本的原料都没有又怎么开始创作呢？我嫉妒所有能够活下去并且能够买到颜料的人！为什么上天如此不公！如果我能开始工作，一切也许都会不同。但是我只能在这里痛诉！最近我在拉·格勒鲁依叶，我幻想能够有一天画一幅这里的沐浴图，我想这里的水波和雾色一定有不一样的美妙的效果。我已经开始画了一些速写，但是没有颜料的我也只能把它视为一个不能完成的梦想了。”

无以复加的印象

痛苦固然是令人难过的，但是滋生出来的创造力却是无穷的。古往今来许多的大艺术家，都是在极度痛苦之后才得到了强烈的创作感情和欲望，最终才能不断成长的。莫奈也不例外。痛苦给予了他更为强烈的创造力。

莫奈从小就在海边长大，对于水有着深厚的感情。与此同时，莫奈对于水的研究也到了痴迷的境地。他开始疯狂地进行对于各种形态的水的主题探究：云、雾、冰、雪。这些水的不同形态所反射的光线造成的光影效果，让莫奈发挥了无尽的想象，也意识到了这种光线后面的阴影并不是黑暗，而是一些丰富的暗色块。色彩在反射、受光、背光中千变万化，再加上水的独特反射、折射能力，让大自然的色彩异常的丰富。不只是水，与水相似的形象也带有着某种神秘的气息，让莫奈痴迷地研究。起伏的山峦、风吹草地构成的“海浪”、大街上构成的“洪流”，这一切都丰富了莫奈的想象。莫奈在这个阶段对于水的研究最透彻也最完整，此后莫奈的画都或多或少和水有关。他宛如一个魔法师，挥舞着魔法棒让一切流动的景物跃然于纸上，也难怪人们对他的评价是“水上拉斐尔”。

拉斐尔·圣齐奥（1483—1520），意大利画家、建筑师。与达·芬奇和米开朗基罗合称“文艺复兴三杰”。拉斐尔所绘的画以“秀美”著称，画作中的人物清秀，场景祥和。他的性情平和、文雅，和他的画作一样。拉斐尔于1520年因高烧猝逝于罗马，终年37岁，葬于万神庙。

光的特性给了莫奈探究的主题，也让他平淡乏味甚至拮据的生活显得不那么难挨。1868年，莫奈和朋友雷诺阿牵手进行绘画创作。莫奈所画的《塞纳河上的阿尔让特伊》充分表现了塞纳河两岸明媚的景色。远眺的夫人把观者的目光带到河岸，水面上倒映着眼前被遮挡住的美景。莫奈的水已经不再是单纯意义上的水了，而是一种画面的延伸。大量活泼的笔触让莫奈画的景色显得细腻又有意境。

在拉·格勒鲁依叶，莫奈和雷诺阿用活泼的笔触，迅速的笔法、点和撇来表现转瞬的气氛和水的运动。他们的油画开始用不同颜色的小片来表现各种大的场景，莫奈和雷诺阿认为这样做可以保留住光和水的颤动。他们捕捉每一个转瞬即逝的风景的印象，来补充他们的画的局部，然后用比较宏观的眼光，再把整个画面和谐统一起来。虽然莫奈的笔法比雷诺阿的更阔达些，但是色彩上依旧不是很透明，而是渐进的；但是雷诺阿则采用小笔触和丰富色彩的办法，来表现更为细节的风景。

两人在拉·格勒鲁依叶度过了几个星期之后，迅速建立起了超越普通共同工作者之外的友谊。一样的一贫如洗，一样的研究困境，一样的对于大自然和写生的偏执热爱，一样的对于绘画改革的希望，这种工作步调上的一致性让两个人产生了超越友谊的神交。他们发展了一种表现风格，这种风格让他们两人比其他人的感情更近，也让他们两个人在某些画面上的感知非常相像。

《阿尔让特伊的帆船》是莫奈和雷诺阿两人在同一角度不同的写生，两幅《阿尔让特伊的帆船》都在水、阳光、空气等方面的表现手法上有着相同之处，身后的感情和相同的经历让他们在共同成长中收获了不少的经验。对于他们来说，阳光后的阴影不是黑色或者棕色，而是周围的景物反射留下的颜色。而这种特别的画法也让这两个人

塞纳河上的阿尔让特伊

阿尔让特伊的帆船

在这一时期的作品很容易被人识别。

1869 年 10 月，莫奈和雷诺阿正式分手，结束了长达一年的共同工作。此后，莫奈携卡美伊和小约安定居在了巴黎郊外的圣・米歇尔，一家人开始过着祥和的生活。然后在 1870 年的 6 月 8 日，莫奈和卡美伊终于在库尔贝等好友的见证下，走入了婚姻的殿堂。从此，莫奈和卡美伊过上了美好的婚后生活。但是好景不长，这样快乐的日子并没有持续多久。一场战争毁灭了他们对于幸福的所有看法。

1870 年 7 月 19 日，法国为了争夺欧洲霸权向普鲁士宣战，主动挑起了普法战争。但是法国明显高估了自己的实力，仅仅一个多月后，法国就在色当战败了，领袖拿破仑三世被敌军俘虏，而普鲁士也趁机攻进了巴黎。就这样，本来是法国入侵敌国的战争，却把硝烟燃到了法国本土。莫奈和自己的新婚妻子不得已逃到中立国英国去，在伦敦暂时定居了下来。而在法国内部，由于侵略军和国内反动政权的压迫，巴黎人民开始反抗了。工人阶级于 1871 年 3 月 18 日正式起义并成立巴黎公社，但是仅仅过了两个月公社运动就失败了。当时参与公社运动的有一批画家，在公社失败后都惨遭迫害。库尔贝受到了当时反动政府的迫害，而巴齐依和马奈等人都背井离乡，纷纷逃亡。在那个黑暗的时代，似乎画家们的前路都是被漆黑笼罩的。

因争夺欧洲大陆霸权和德意志统一问题，普法两国之间关系长期紧张，1870—1871 年，由法国挑起了与普鲁士之间的战争。这次战争使普鲁士完成德意志统一，结束了法国在欧洲的霸权地位。

在伦敦，莫奈也过得并不好。新婚燕尔本来是要享受一下生活的，但是战火却烧毁了莫奈的希望。穷困潦倒的莫奈在伦敦几乎和乞丐无异。杜比依同情莫奈的遭遇，作为一个画家，他能帮助莫奈的只有帮他多卖出一些画了。于是他把莫奈介绍给了当地的一个大画商丢朗·吕厄，让吕厄帮助莫奈展出一些画作来换取基本的生活维持。同一时间，吕厄帮助的潦倒的画家还有很多，在他组织的展出中，毕沙罗、西斯莱、莫奈、雷诺阿、马奈的画都有展示。也是在这些展会上，才让莫奈知道原来还有这么多画家在伦敦潦倒。也是因几次展出，让吕厄成为历史上重要的画商之一。

当莫奈看到了毕沙罗的画，知道了毕沙罗也在伦敦的时候，激动的心情是无法平复的。他们经常见面，相约去伦敦的公园里采风。对于这两个法国人来说，伦敦呈现给他们的是与成长经验不一样的景色。伦敦被人们称作是雾都是有原因的，雾蒙蒙的天气伴着阴沉，在压抑的感觉中看到周围影影绰绰的美丽景色，这种别样的视觉体验让人们感到窝心。为了更好地实现对于伦敦的雾的理解，莫奈和毕沙罗经常去参观这里的博物馆。对于他们来说，博物馆中的本土前辈们能给予的都是这个地区绘画的精华。在这里，他们看到了透纳和康斯泰伯的水彩画以及老克罗姆的油画，并对透纳的绘画技艺感到无比地敬仰。因为透纳对于雪和冰的理解与莫奈有相似之处，虽然没有用到暗影的分析，但是也不是一大块同样的白色色块。透纳所用的色块非常均匀细腻，但是白色和白色之间有着细微的变化。在近处虽然只是看到了大片明暗不同的白色，但是远处看这种色块的堆积产生的立体感让莫奈和毕沙罗感到了前所未有的震撼。于是，借着这种方式他们开始去试着画伦敦的雾景。

雾和阴影的表现难度是相同的。就像是人们对于阴影是黑色的普遍印象一样，雾在人们眼中也只是一大片白而已。但是这片白雾和纯白色是不同的，反射、折射了各种其他绚丽的颜色。在微弱的阳光照射下，雾中的景色呈现的是带有红色的蒙蒙光泽；而在夜晚的微弱灯光照射下，阴沉的雾色透露出点点星光。雾的色调不同让伦敦的景色更有了多变的特性，尤其是当这些不同的颜色表现在画布上的时候，一切都显得那么与众不同。莫奈在这段时间细心研究了不同时期雾色的样子，并连续好长时间都在画国会大厦。他画的《国会大厦》，每一张的色调都有很大的区别，并且就算是同一角度，看到的感受也是完全不一样的。

每天在这个雾都生活的人们，对于这些笼罩在身边的茫茫雾色不以为意。也只有在他们看到了莫奈的画之后，才会感叹道："原来伦敦的雾是有颜色的啊！"

让人嘲笑的印象

1871 年是巴黎有史以来最混乱动荡的一年。法国战败，第二共和国瓦解，公社运动，都让这个脆弱的国家承受一次又一次的打击。但是打击并没有改变人们追求美好生活的向往。法兰西在一次又一次血的洗礼中站起来了，

国会大厦

法兰西第三共和国在废墟中被勤劳的法国人民创建了出来。战后，法国流亡的画家先后回到巴黎，重新回到自己离开已久的故乡。

此时的巴黎已经不是以往的巴黎了，尤其是艺术界。在这段时间，学院派的声音日趋没落，而一些新派画家的作品在法国之外的展览则大大提高了这些新派画家的知名度。马奈此时已经不只是在巴黎出名了，甚至誉满整个欧洲画坛。但是有一些画家则由于战争完全丧失了作为画家的能力：西斯莱受生活所迫离开了巴黎，而巴齐依甚至在战争中丧失了自己的生命。

莫奈不想看到一片荒凉的巴黎城，他决定远离城市，重新回到乡下，完全投身于天空江河的绘画中去。这个时候，杜比依力邀莫奈去荷兰旅行。伦敦的经历让莫奈懂得了，只有看到更多不同的景色，才更能描绘出符合人们印象的美景。于是他们踏上了荷兰的国土，踏上了那个拥有美丽的红色之翼的风车、扬着白帆的渡船、童话般海平面之下的城市建筑和广阔美好的平原的天府之国。从一踏上这片土地开始，莫奈就深深爱上了这里。与巴黎鲜亮的色调不同，这里的色调总是灰蒙蒙的。这种灰色且层次感分明的感觉，正是莫奈所喜欢的。于是，他把画架驻扎在了荷兰，开始描绘又一种单侧的层次感。

1872 年，莫奈回来了，回到了他生长的巴黎。和他一起回来的，还有他在荷兰的画作。莫奈一回到家，布丹就去看望了自己的老学生。莫奈则把自己在荷兰的画作都展示给了布丹。布丹先生看后十分吃惊，本来他以为在当今的巴黎，最厉害的新派画家莫过于马奈了。但是看了莫奈的画后，布丹开始为这个年轻人日后将取得的成就而先一步欣喜了。布丹回到家后，跟一位朋友通信道："莫奈已经回来了，并且会在这里一直待下去。看了他在荷兰的习作，我相信，他之后一定会是我们当中的佼佼者。"

过了几天，布丹老师又去找了莫奈，让他陪着自己去看望库尔贝。当时的库尔贝刚刚从监狱放出来，大家唯恐避之不及，偏偏布丹和莫奈在这个危急的时候去看望他，这让他十分感动。惺惺惜惺惺，画家间的友谊，虽然竞争关系大于合作关系，但是一个人有难，身为朋友也不能不管吧。这种坚固的友谊，伴随着库尔贝走出了自己最黑暗的那段时光。

后来莫奈搬到了塞纳河边的阿戎堆，一个河边小镇。在接下来的数年，这个小镇的美好风光都成了莫奈的绘画题材。丢朗·吕厄一次性以 1 万法郎的代价买下了莫奈的

29 件习作，这让他的经济情况开始得到了好转，生活条件得到了改善。此时的莫奈能够更加专心创作，逐渐发展自己的风格。

同年，沙龙展览又一次开始刁难新派画家。纯粹是政治上的原因，这次的沙龙展览只收那些曾经得过奖章的人。新派画家在官方的认可度又一次下降了。但是与此同时，另外一个人还是尽力促成了新派画家们的崛起。这个人就是丢朗·吕厄。与莫奈交好的吕厄大批收购了新派画家们的画作，给予了他们最直接的经济支持。同时丢朗·吕厄也给予了这些画家们精神上的支撑。他十分欣赏这些新派画家们对于学院派束缚的反抗，这种精神让丢朗·吕厄发自本能的帮助了这些落魄的画家。但是吕厄最独到的还是自己的眼光，因为当时的人们看不出来这些画作有多么好，但是随着时间的推移和人们认识的进步，这些画作势必会成为艺术史上浓墨重彩的一笔。

阿戎堆的日子让莫奈忘记了烦恼。每天沉浸在幽静的旷野、潺潺的河流和如画般的桥船景色中，专心地研究自己眼前的一草一木。在这里，他继续研究自己钟爱一生的水景。他发现这里的河水是可以和天空浑然一体的，因为水面上反射的都是天空的样子。这种倒影景色使莫奈感受到了非一般的魅惑之感。大自然再也不是一幅固定的风景画了，而是留在人们心中不断变化的印象。在这个时候，莫奈开始在同一个地方架起画板，研究相同景色在不同时刻的共旨。在不同的时刻同一地点的景色有着微小差别，而这种微小差别，恰恰是留在人们心中的印象，而怎么表现出这样的模糊印象，成了莫奈每天细细思索的重要问题。

莫奈想起了他和雷诺阿在拉·格勒鲁依叶作画时所用的点式笔触。这种细小的笔触恰恰能够反映细微的模糊的变化。但是这样的笔触还不足以表达更小的变化，比如叶子被风吹过一点的变化、水中掉落一片叶子后的微小波纹。所以莫奈采用了更小的逗点式笔触来表达这里的景色。这个时候恰逢雷诺阿拜访莫奈，两个人重叙旧情，共同开始研究用细小的笔触来表达变化的景物的印象。这些小圆点和小笔触并不是明确刻画了某个物体，而是表达了各种景物比如树木、夕阳、水流的瞬间特质。他们的画开始没有了斤斤计较的细部，而是用细小的点画来表达最旺盛的生命力。他们已经开始觉得，自己在开创了一种很厉害的画法了。

就算此时的学院派开始衰落，莫奈等人的画还是没有太多表现的机会。就在这个时候，1873 年，丢朗·吕厄开始帮助他们这些新派的画家做宣传了。这位热情的画商准备出版三大卷的巨型目录，里面收藏了自己收藏的当代300多幅精品画作。其中有卢梭、米勒、库尔贝等老一辈作家的作品，也不乏马奈、莫奈、西斯莱、毕沙罗等新生代画家的真迹。这个目录的出版无疑会让这些年轻画家的声望更上一层楼，也会让人们更加了解这些新派画家的所作所为。其中，图录的序言是一位常出入于盖尔波艾斯咖啡馆的批评家阿孟·西威仕特写的，他在序言中写道：

"在第一瞥，人们很难分辨清楚莫奈先生和西斯莱先生的画的不同之处，也很难区别后者的格调与毕沙罗先生的格调。略为研究一下就会发现，莫奈先生是最熟练和最果敢的；西斯莱先生是最和谐、最斟酌的；毕沙罗先生是最诚实、最真朴的，当看到他们的画时，首先打动你眼睛的是他们绘画的直接与和谐。它的全部秘密就是对于色调的非常精细、非常正确的观察。"

西威仕特很看好这些画家的未来，并且预言这些人最终将会被社会主流审美所接受。就算短时间内没有被接受，也会在评论界产生一场轩然大波。对于这些年轻人来说，有一个知名评论家对自己的作品这么肯定无疑是很受鼓舞的。这可能是第一次外界正面的声音，但绝不会是最后一次。莫奈等人十分感谢丢朗·吕厄和西威仕特给他们的宣传和鼓励，他们也开始有了足够的资本向全世界宣布一个独立画派的成立。

这个画派，我们知道就是之后人们所说的印象派。但是他们现在想的不是给自己起名字，而是怎样进一步扩大自己的知名度。

于是，莫奈提出了一个建议：由他们自己举办一个独立的联合展览会，来展出自己的作品。这样做一方面是考虑沙龙不会给这些人很大的平台去展示自己，另一方面是自己的画风已经不是初级的阶段了，而是很成熟的阶段，所以他们完全有能力去准备一个展览来与旧势力做抗衡。其实这些新派画家还是有一些自己的私心的：法国战后的经济复苏迹象在1874年就萧条了，连一直支持他们的丢朗·吕厄也被迫停止收购他们的美术作品了。这无疑让这些青年画家们断了一条经济来源。在这种压力下他们不得不通过办展览的方式扩大自己的知名度，从而达到打开局面的目的。

1874年3月25日是一个具有划时代意义的日子，莫奈等新派画家的首届画展在巴黎开幕了。展览厅位于繁华的巴黎市中心卡普辛大道的一套工作室，并在门口打出了一个很拉风的招牌：“无名艺术家、画家、雕塑家和版画家协会”。展览从一开始就吸引了众多参观者。人们看惯了官方沙龙的油画，乍一看这些新奇的作品，不仅不理解，还觉得很好笑。好笑的是这样随便的喷喷涂涂也能叫做油画？“这些画家们把几管颜料装入喷枪打上画布，然后随便抹抹就签上了自己的名字。”人们在画展上就开始挖苦这些新派的画作。

学院派大师贝尔恬的高徒约瑟夫·方桑也来参观这次新奇的画展。本来他以为自己能够看到的是和沙龙上面的一样，画风清晰明朗且千篇一律。但是他错了，错的有些离谱。这个学院派的大师几乎是从头骂到尾的。他称毕沙罗的《耕后的田地》是“透过脏玻璃看到的景色”；他大骂科罗是个徒有虚名的家伙，只会“用四溅的泥浆做一些乱七八糟的构图”。当他看到莫奈的《日出·印象》的时候，方桑先生更加嗤之以鼻了。“这就是轻浮的玩意儿呀！这和毛坯墙纸有什么区别？哦，不是，毛坯墙纸也比这海景看得更完整一些！莫奈啊莫奈，已经垮下去了！他已经进入魔道了。”

这次的画展收到了无数的嘲笑、讽刺和辱骂。所谓的官方也在冷漠奚落他们。就算是不嘲笑他们的人，也不能接受这些反传统的画作。这似乎是一次极其失败的展览，向人们宣告了自己是一批不会被世人接受的乌合之众。甚至人们根据其中名气最大的莫奈的《日出·印象》这幅画，给这群人安了一个诨名——“印象主义者”。

但是莫奈等人并没有气馁，他们坚信自己所追求的绘画信仰是正确的。也正是如此，他们坦然接受了自己的外号，并公开地称自己的画派为“印象派”。就此，拥有着让人嘲笑的印象的“印象派”诞生了！

日出·印象（1872）

印象之后的印象

阿尔港口，一个多雾的早晨。伴随着早起的动物窸窣的响声，一丝红光在天边冒出了头。然后红日冉冉升起，橙红色照样映红了上半部的天空。海水映射着阳光，呈现出橙黄色，在近处和依旧昏暗的海边组成淡紫色。色彩在天空交替、渗透、相互纠缠，颜色的跌宕让天空显得更加深远；厚薄不一的色块将水的波浪表现得淋漓尽致，远看甚是有波光粼粼的质感。水波上面荡漾的是三个小点一样的船，此时的船在晨曦和物色中已然分辨不出是什么轮廓，只能凭经验猜出那是远方行驶的小船。船下的波光微动，仿佛是在航行一样。两岸若隐若现的建筑物和山的虚影更是给画面增添了活力。整幅画没有任何轮廓的概念，全部都是由细小笔触一点点点出来的。除了莫奈，还从未有人能够如此地表现雾气交融的景象！

这便是出自莫奈之手的《日出·印象》。这种不重视轮廓而看重光影变化的画法成了这一批新派画家的特点，他们也欣然接受了“印象派”这个名字。本来“印象”一向是以往的批评家们讽刺杜比尼和琼坎等人的画作用的，之后布丹先生索性对外宣称他就是要保持一种自然的纯洁的印象。虽然印象主义在当时就是一个让人耻笑的玩意，但是这些画家们并没有把这种评价视为讽刺，而是坚持了自己对于印象的执着。人们固有的观念就是油画就应该画得十分精致，每一丝每一毫都要看得清清楚楚，要不然就不能叫做油画。不论是人物还是景物，油画都应该能够看到细节的东西，比如人的眼睛、水果的花纹和衣服的褶皱。但是印象派的画作无疑是给了这些自以为是的学院派的人们重重一击。虽然应当承认这种表现手法非常符合人们的实际认识，但是这样模糊的手段还是让很多人不能接受。

“这群疯子完全就是把未完成的草稿拿了出来而已！”这就是当时外界的声音。可以想象莫奈等人当时沮丧的心情。本来是要让自己的画作得到更多的人的接受和认识，但是不料想却受到了前所未有的打击。人们的不理解、不认同渐渐变成了谩骂和讽刺，人们开始高举打倒“印象主义”的大旗，向着这个新兴的画派口诛笔伐。

但是在这样的大环境下还是有真正能看清现有趋势的人存在的。丢朗·吕厄，可以说是印象派人们心中的好朋友，又开始帮助这些失落的年轻人了。他写了一篇稿子来肯定这些印象派画家前进的意义。他说："当光谱的七种射线被吞并为一种单一的无色状态时，就是光。他们从直觉到直觉，逐渐成功地将日光分解为它的各种光线，借着他们分布在画面上的各种色彩的和谐一致，他们能重新构成日光的统一体。从眼睛的敏感性，从色彩艺术的精微的洞察力这方面来看，其结果是非凡的。印象派画家对光的分析，就连最博学的物理学家也提不出任何批评意见。"这种远见卓识肯定了当时印象派画家的努力，也表达了对他们的同情之意。于是有头脑更清晰的评论家们开始深入分析了人们不接受这种画风的原因："印象派画家所追求的是整体效果。当绘画的整体效果已经达成的时候，人们的印象已经跃然于纸上，印象派画家的任务也就完成了。而他们的前辈们，那些墨守成规的先人，追求的则是完整的外物，无论是细节还是轮廓都十分清晰明朗的效果。他们所追求的事物不同，根本分歧是对于完整性的要求有差异。所以说，谈不上哪种画风是值得嘲笑的，哪种画风是应该被淘汰的。"

虽然公众们依旧不能接受这种画法，但是这些以莫奈为首的印象主义画家们，已经开创了一个新的纪元。这个时代甚至不同于他们的直系老师——布丹、库尔贝、科罗等人创造的写实派，更是在表现自然上面前进了一大步。虽然世人的不理解无法击碎他们的内心，名声坏掉了也不会阻挡他们前进的道路。但是，他们的生活是真真切切被影响到了。没有声望，没有认同，他们的画也不能卖出去，他们的经济来源也被堵死。本来这次的展览就是他们集资完成的，但是他们却彻彻底底把这些钱赔了进去。他们此时真正处于一个艰苦卓绝的时代。

莫奈受到的影响极其巨大。办展览的建议是他提出来的，初期他对展览付出的也最多。但是这次的展览并没有达到预期的效果，让他十分懊恼。其他人也或多或少受到了经济上的影响。此时的印象主义画家，就像是在荒郊野岭演出一幕无比震撼的戏剧，虽然辉煌，但是却无比孤独。也许，在这个时候，只有大自然才能唤醒他们沉睡在内心的对于生活的向往。于是在展览进行的时候，莫奈、雷诺阿和马奈就一直在阿戎堆作画。

但是在展览结束后，穷困的莫奈开始受到了房东的刁难。无力支付房租的他只能求助于和他一起作画的马奈。

马奈帮他在阿戎堆找到了一处新房子，于是莫奈举家迁至那里。这样一来他和马奈又可以共同作画了。不可否认的是，此时的马奈仍然有许多值得莫奈学习和借鉴的地方。他们亦师亦友的关系让他们共同成长得很快。

在阿戎堆的日子，不光有马奈相伴。雷诺阿常常到那里去找莫奈共同研习作画。他们师出同门，经历相似，之前共同的采风经历也使他们的画风十分接近。他们两个经常以卡美伊夫人作为模特进行作画，两个人的画风虽然接近，但也不完全相同。卡美伊夫人的绰约风姿在两人笔下呈现出不一样的美。雷诺阿乐天的性格也让他们在阿戎堆的日子增添了几分活跃的色彩。很快，他们就完成了一套卡美伊夫人肖像的收藏集。

在忧患和苦难的日子里，马奈、雷诺阿、莫奈和卡美伊，他们四个人紧紧联系在了一起，建立了深厚的友谊。共同的学习也让莫奈的境界更上了一层楼，达到了一种前所未有的光辉境界。

更加明亮丰富的色彩、更加调皮却精确的笔触、更加独特又实际的手法，让莫奈的效果显得异常突出。他常常和马奈说："我所追求的，不同于你那样整体上低调但是却有着很浓墨重彩的几笔。我追求的是整体上的鲜明色彩，明亮的画色就是我想表现的意境。”

在这个阶段，他最为出名的就是《阿山特伊大桥》。金黄的色调笼罩着水面，水面上静静停泊着几艘小船。白色的帆反射着金色的阳光，映着水波的颜色，仿佛和画面背景融为一体。天水一色，就像是从一整块金色的壁纸中抠下的一样。莫奈在这个时期的画中常常出现小船一类的东西，就像是他自己一样，在狂阔的海洋或者河流中不断地奋力向前划着。虽然与天与海相比有些孤单，但是却是自己奋斗的写照。他如同画中一样踏入了理想航道的方舟，逆着水流的方向不断向前划着，而前方，不是什么避风港，而是一座通向艺术最高层的无限高塔。

阿山特伊大桥

第5章：印象派最终的集会

一朵花的消逝

1875年，新的一年。新的天气、新的景色、新的向往。唯一不变的是莫奈穷困的经济处境，他开始了自己最为困难的一年。他开始被迫向各式各样的人借钱，拮据度日。马奈和雷诺阿会时不时帮助他一下，但是这还远远不够。虽然附近的肉铺和面包店都很好可以赊账，但是莫奈从来没还过，也开始不能赊账了。一个画家连吃饭都成问题了，还拿什么来激发创作细胞？

但是苦难还远远不只这些。在小约安之后，卡美伊夫人又怀孕了。当她产下他们的次子之后，生活开始愈发地拮据。每天晚上，当莫奈和卡美伊相拥入眠，他们总是会对困顿的生活有所期盼，但是总是充满绝望。

“我们怎么会落到如此地步？我们现在连吃东西的钱都快没有了。”莫奈怀抱着卡美伊，暗淡地说道。

“没事，要看到希望。你看，我们的小儿子多漂亮啊。你的画画得那么漂亮，一定能够找到买家来换钱度日的。”卡美伊安慰自己的丈夫。

“总说会有希望会有希望，自从我们的小孽种出来后，我们连生火的钱也没有了。你现在刚生完孩子总是有病，我们也没有办法去看医生。真是罪过啊。”

“你还有那么多朋友帮你呢，总会有办法的。你看，我们当时刚在一起的时候，不也是这样身无分文吗？而且呀，当时你爸爸还总是阻挠我们的感情呢！你看，我们连那个时候都挺过来了，现在也没理由挺不过去呀。”

“唉，”莫奈叹了一口气道，“已经向马奈和雷诺阿要了很多次钱了，再这样下去连我都快不好意思了。当初的美好现在怎么会变成了这样。我莫奈也是一个大画家啊，怎么会如此落魄呢？”

“总会挺过去的，总会挺过去的……”在卡美伊的呢喃声中他们沉沉睡去。

第二天，莫奈就给自己的好友左拉写信诉说自己的苦衷：

“你现在能够帮助我吗我的朋友？我现在已经走投无路了，如果我明天不交出600法郎，我的所有，所有家具和画作都将被拍卖，而我也不会剩下什么了。我和妻子那时候只能露宿街头了。我还没有和妻子透露我现在的处境，因为她已经病成那样，如果再知道这个消息的话会垮掉的。请寄给我200法郎让我能够度过苦难的日子。请务必不要向其他人透露我现在的处境，毕竟身处穷困就是一种罪过。”

但是，还未等莫奈筹到钱给卡美伊夫人治病，她就猝然长逝了。命运没有给这位夫人任何喘息的机会，贫苦和疾病折磨着这位夫人，最终夺去了她的生命。莫奈守在自己妻子冰冷的尸体旁，不禁发出了一声悲鸣。他轻轻抚着憔悴妻子的脸庞，卡美伊此时的神情也没有舒缓，依旧是一副愁眉不展的样子，仿佛是要为接下来受到的苦难发愁。凄惨的岁月在她本来俊俏的脸庞上刻下了难以抚平的伤痕，莫奈注视着自己亡妻枯黄的脸，在黎明暗淡的光线下，终于流下了泪水。莫奈心中此时除了酸楚，没有其他的感情了。回想起当初美好的恋爱时光，回想起他们曾经走过的艰苦岁月，莫奈此时能够做的，只有缅怀。但是，他还舍不得就这样放弃自己的妻子，他决定要给卡美伊最后画一幅像，好把她的容颜永远留存于世。

莫奈仔细观察着自己的妻子，此时她的灵魂应该已经上天堂了吧，那为什么神情依旧这么愁云惨淡。难道是她在半路上还在跟死神作斗争？但是傻孩子，人都死了还怎么能赢得过死神呢？此时的死神已经给卡美伊的脸上蒙上了一层灰黄色的纱，并随着时间的推移不断变化着颜色的深浅。这种颜色感觉难以用轮廓描述，这种色彩莫奈从未见过。

“啊！我怎么变成了这样！我怎么这样成为了视觉的奴隶！明明对着的是自己的妻子，我怎么可以只注意颜色的变化而不怎么感觉到那么悲伤！啊！我现在怎么是这个样子！”

此时的莫奈对于色彩的追逐已经达到了走火入魔的境地，连夫人的遗像都被自己下意识地用色彩给分析了。此时他的心头一阵酸楚，他深刻感觉到自己已经成为追逐色彩的奴隶，毕生都将陷入这种无止境的追逐中无法回头，就算脚上血迹斑斑也不能停下自己飞奔的脚步。此时所有的酸楚、纠结的内心和压抑之情毫无保留地发泄了出来，泪水伴着呜咽一并迸出。“苍天！你为何要对我这样！但是我绝对不会低头！放心吧！我一定会打败你！”

在难以言说的悲痛之情中，莫奈完成了对亡妻的画像，也完成了对于卡美伊最后的悼念。此时的他带着两个孩子，生活已经极其穷苦。但是他还是努力支撑着，支撑着这个不完整的家。

马奈依旧很同情莫奈，经常给莫奈一些资助，好让他和他的孩子能够渡过难关。此时的莫奈心中只有一个信念就是要把自己的画，整个印象派发扬光大。理想的远大和现实的残酷有的时候让人很迷茫，但是只有坚持到底的勇者才有登到最高峰的结果。而此时的莫奈，就是要做那个坚持到底的勇者。

不只是莫奈，西斯莱、雷诺阿、德加等人也总是囊中羞涩。对于他们来说，填饱肚子有的时候比来一个灵感更加困难。他们很多时候只能够靠亲戚朋友的接济才能勉强度日。日子就是这么熬过来的，每一个印象派画家都在承受着经济上难言的痛苦。也许对于这些年轻的画家，贫困之于他们就像苦难之于耶稣，都是要在极端的痛苦之后才会有新生。他们每天翘首以盼的就是一个新的机会，一个

穿和服的女子（1876）

能够再次展现他们的机会。虽然之前画展耻辱的烙印已经深深印在了他们心里，但是他们不以为耻反以为荣，因为这种抨击表示的是至少他们受到了关注，总比一生都在庸碌中耗尽要好得多。这些天真的想法支撑着他们走下去，并让他们开始渐渐转变了描绘的景色。

本来一开始这些画家都是受到写实派人们的影响，对于景物的选取一般都是自然景观。可是在这个阶段，这些印象派画家开始追求光和影笼罩下的人间风貌，他们的画中也出现了大街小巷的风景，甚至铁路、工厂这种近代化的事物。这些人虽然身处炼狱，但是却眷恋着滚滚红尘，想着有朝一日也可以重新跳入红尘中来，名利双收。就连莫奈也开始对蒸汽机车头感兴趣了，想着有机会一定要画出那些喷薄出来的奔腾的蒸汽。近代化的思潮也在悄然影响着这些印像派画家，他们也开始追求情感上的东西了。

奋斗岁月

与一些评论家说的恰恰相反，这些印象派画家不是只注重感觉的家伙，他们更看重对于事物的情感。这种情感来源于对于色彩的充分理解与认识。印象派画家们也在用饱含热情和感情的画笔抒发着对于大自然美的向往。

1876 年，丢朗·吕厄找到了莫奈。莫奈显然十分惊愕这位故友的到来，但还是尽力用并不丰盛的晚餐招待了他。

吕厄到来的目的十分明确，就是要莫奈再次举办画展。

“你知道的，现在舆论对你们十分地不利。人们都看够了你们的笑话，你们却像缩头乌龟一样不出来，这样一来不就更加让别人抓住了你们不能正视自己的话柄么！难道你就不想挽回一些什么吗?”吕厄情绪激动地对莫奈说道。

“但是你是知道的，我们的画作从来就不会让人们接受。这些宝贝们太超前了，不是现在的人们可以理解的。他们只喜欢画得像的东西，人体素描也好、静物也好，都是这些陈腐的玩意。我们也想挽回自己的名声，但是太难了。”莫奈忧心忡忡地说。

“不去做怎么知道呢？你既然想要让人们认识印象派，必要的代价还是要付的。否则哪有那么容易的成功呢？来吧，再举办一次展览，这次让世人再看看你们的风貌！”

“可是展览这种事情也不是说办就办的。上次我们筹钱办印象派的展览，已经很耗费大家的时间和金钱。现在我们这些穷光蛋完全不可能拿出钱来办这种画展的。”莫奈很坚定。

吕厄这个时候情绪又激动了起来：“所以就是钱的问题了吗？没关系的，我会出钱帮你们把展览办起来，只要你们到时候把自己的画拿过去就可以了。相信这次的展览一定会很成功的。你想，现在工业技术也在发展，人们都开始被迫接受新鲜事物了。印象派的画也一定能够被主流所接受的！”

“好吧，那你去联系一下其他的画家吧。他们生活都很窘迫，如果真的可以办成这样的画展，我们的生活可能会变好一些。”莫奈开始有些期待第二次画展了。

就这样，在丢朗·吕厄的帮助和鼓励下，莫奈等人举行了印象派第二次画展。这次全程都是在吕厄的画廊里，所有的花费也都是吕厄一个人承担。即便如此，也有很多印象派画家没有来参展任何画作，参加者降到了19人。但是这样少的参加人数也没有阻挡这次画展产生的巨大影响。

莫奈送出了18幅画作参展，其中他为亡妻所作的那幅画也在其中。画中的窈窕少妇穿着日本的和服，和服上锦绣灿烂；她发簪高耸，手上的折扇置于胸前。颇有神秘的东方气息。虽然人们还是不赞赏这些印象派的作品，但是意外的是这幅画以2000法郎的高价售出，可能收藏家更在意的是这幅画的留念价值吧。

和大部分印象派画家预料的一样，这次的画展吸引的人比上一次还要少。人们好像已经看腻了这些“小丑的勾当”，不屑于再去给这些“坏孩子”一些机会。但是舆论似乎还是没有放过这些人，报刊的评论还是那么粗暴无礼。“在丢朗·吕厄的画店中，正开了一个所谓绘画的展览会。无辜的过路人为门面上装饰着的旗帜所吸引，进去了，一幅残酷的景象就呈现在他们惊慌失措的双目中：五个或六个疯子——其中一个女人——一群为野心所折磨的不幸的家伙凑在一起展出他们的作品。他们善于自我满足，在每一年沙龙开幕之前，以他们可耻的油画和水彩画反过来抗议那拥有许多伟大艺术家的辉煌的法兰西画派……我认识几位这些令人腻烦的印象主义者。他们是可爱的极具信心的年轻人，他们认真地幻想着他们已走上正路，这景象是可悲的。”

但是也并不是所有的人都是排斥这种印象派画风的。莫奈等人的努力并没有白费，沙龙美术也在尝试着接受这些新奇的画法了。一些思想开放的画家看到了印象派对于光和影的追求，开始厌恶起平凡造作的学院派画风了。他们在主流阵地上尝试着把印象派的东西掺杂在学院派画风里，好让迂腐的人们可以接受印象派对于光线的改革。于是，这次后驱者发明了一种混合艺术，构思用的是学院派的思维、而表现则是印象派的方式。他们看到了学院派的垂垂老矣，也明白印象派的勃勃生机，这种方式与其说是一种画法上的创新，倒不如说是一种权衡之举：一方面拯救即将枯死但是却仍占很大比例的学院派，另一方面则是把印象派的东西发扬光大。

但是机会不是留给这些胆小懦弱的后来者，他们对于两种艺术方式的结合并没有挽救哪一方，反而给自己掘了一块坟墓。不过托他们之福，在这次画展之后印象派的声望愈来愈高。这无疑是第二次画展带给他们的好事情。但是公众长期的冷落和长时间枯燥无味的探索让一些印象派画家选择了离开。失去了兴趣的他们开始寻找“自己的路”了。

德加，一个曾经受过专业的学院派训练的画家，曾经叛逃学院派阵地，现在又要叛逃印象派的阵地了。他厌倦了无止境的户外作画，开始用印象派表现光的手法在室内画人体。

保罗·塞尚（1839—1906）法国著名画家，是后期印象派的主将，从19世纪末便被推崇为“新艺术之父”。作为现代艺术的先驱，西方现代画家称他为“现代艺术之父”或“现代绘画之父”。他对物体体积感的追求和表现，为“立体派”开启了思路；他重视色彩视觉的真实性，其“客观地”观察自然色彩的独特性大大区别于以往的“理智地”或“主观地”观察自然色彩的画家。

塞尚脱离了这些印象画家，继续给沙龙寄自己的作品。他不想追求那些印象派画家一味追求的转瞬即逝的光影，开始下决心要寻找持久的东西。于是他逃离到自己的故乡埃克斯，希望能够终身献身于自己的事业。

就连雷诺阿，莫奈情同手足的兄弟，也开始对自己的前途感到迷茫。他觉得自己的印象派之路走到了尽头，不可能再继续走下去了，只能换一条道路。他开始放弃对于颜色的探究，转而用线来表现事物。就算一路上的坎坷比之前更多，但是他也不会再回头了，对于他来说，印象派已经死掉了。

队友的消失让莫奈心中泛起的不仅是酸楚，还有烦恼。但是莫奈并没有因此沮丧而不前进，反而开始了快马加鞭的进程。1876 年是莫奈绘画高产的一年，在这一年他画了平生相当精彩的几幅画。因为他还想着把印象派发扬光大。虽然现在印象派日渐衰落，但是还是不断有新鲜的血液注入。让人们惊异的是，莫奈不再去荒郊野岭去探寻不切实际的光影画作，反而开始追求新的绘画对象。与叛逃的那些人不同，莫奈并没有认为印象派的画法走到了山穷水尽的地步，他认为不应该去转而研究其他的东西。颜色还没有完全被看透，人们的视觉还不是那么的清晰。于是莫奈开始改变自己绘画的对象。

埃德加·德加（1834—1917）印象派重要画家。他出生于金融资本家的家庭。他的祖父是个画家，因此他从小就生长在一个非常关心艺术的家庭中。

莫奈首先想到的是，随着近代化的推进，大工业机械已经遍及全国。尤其是火车这种东西更是让保守的人们感到无所适从。于是莫奈想："既然火车和印象派都是新兴的不受待见的新事物，那就可以去画一些火车及沿途的风景，这样一来就可以从新的事物中锻炼对于颜色的更深刻的理解和印象。"而且，莫奈还考虑到当年他已经画过蒸汽机车，自己对于这些类似于雾的研究十分着迷。伦敦的雾让他看到了雾是有颜色的；蒸汽机车让他看到了雾是有力量的。而他现在要继续他对于"雾"这种题材的不懈努力。火车头在阳光下喷出的水汽在光的映射下产生出来的绝妙效果不正是他所追求的吗？于是他跑遍了巴黎圣拉扎尔火车站的每一个角落，妄图揪出一个好的角度来表现火车进站和离站的场景。那时候莫奈几乎一贫如洗，有几次进入车站还被人以为是要饭的而被赶了出去。但是莫奈并没有气馁，相反他穿上了自己最好的一身衣服来和车站总监说明他想给车站画几幅画的想法。出乎他意料的是，车站总监并没有为难他，反而十分高兴。他认为这是给车站做广告的大好时机。总监指使部下清扫了月台，打扫干净火车的外壁，然后还让所有火车停驶并加满了煤。加满煤的火车顿时就“呜”的一声喷出了浓烟和蒸汽。莫奈激动地要昏过去了！这不正是他梦寐以求的感觉吗！于是他把这个表现车站繁荣的景象画了出来。有了总监的帮助，莫奈在圣拉扎尔火车站逗留了好长一段时间，终于完成了7幅关于这个美妙地方的画作。

1877年，在莫奈的努力和丢朗·吕厄的帮助下，第三次印象主义展览会开始举办了。虽然有很多人离开了印象主义的阵营，但是还有一些新的参加者加入展览。这次的展览没有在丢朗·吕厄的画廊，而是在附近租了一个较大的展览厅来展出241幅作品。由于参加人数较少，每个画家都交出了比之前多很多的作品。莫奈也交出了30幅作品作为展览品，其中就有那7幅表现圣拉扎尔车站的画作。

这次的展览赢得的舆论似乎比上两次都少得多，公众已经完全习惯了这些“小丑们”拙劣的展现方式。参观者也厌倦了这种“无聊的画作”，只有报纸杂志还在乐此不疲地重复着之前的讽刺和批评。这次的展览让很多人都丧失了对于印象派最后的希望和期待。

就此，印象派在巴黎完全声名狼藉了。不仅公众对于

圣拉扎尔火车站

印象派的画作丧失了信心，连他们自己也无法正视这种失败。曾经要好的几个朋友都开始离他们而去，并且公然拒绝他们的求助。现在的印象派，已经如同一盘散沙，再也不能团结起来做什么事情了。

少了朋友的帮助，莫奈的生活更加困苦。生活贫困的他不得不种些山芋、地瓜来充饥。他在啃地瓜的时候常常在想：“我们为什么会这么失败，没有人欣赏我们的画吗？难道是我们的画不够精彩吗？绝对不是的，我们每个人都受到了长时间户外作画的训练，对于颜色和阴影的调和也十分地娴熟，画作看起来也是非常漂亮。这些还不够吗？这些最本初的意象还不够吸引人们的吗？哼！难道就非得是人们喜欢的才是好艺术？不是的！一定不是的！”

现在的莫奈，只能用一句怀才不遇来表达了。

印象派的衰落

虽然莫奈的生活从来没有好转，但是期间也有人对他伸出援助之手。当时巴黎歌剧院一名男中音歌唱家富尔就很热情地支持莫奈。为了缓解他的经济问题，他向莫奈买了许多画。莫奈一开始非常感激这个歌唱家，但是直到有一天，歌唱家在参观莫奈的画时向莫奈问道：

“这幅画叫做什么？”

“哦，这是我在前几年创作的《日出·印象》，在第一次印象派画展上展出过。这是我最为得意的一幅画作。”

“这样啊。那你不觉得这幅画的颜色太过于单薄了吗？你回去重新补上些颜色吧！”富尔对莫奈要求道。

“不，先生。这幅画是我最初的印象，不能够在后面修改。而且，您的修改意见并没有任何道理。”莫奈拒绝得很干脆。

“哼！我是买家！你居然拒绝我？你如果不照我说的修改休想我再买你一幅画！”

但莫奈还是很强硬地拒绝了。就这样，莫奈重新回到了因没钱而居无定所的日子。不过最后还是靠朋友暂时安顿了下来。马奈帮助他在塞纳河边的维特依定居了下来。这样一住就是好长时间。维特依离巴黎十分远，也更为空旷。平原村落的景色给了莫奈更多灵感和清寂，也让莫奈有更多的时间来仔细研磨自己的笔触。在这个时期，莫奈的笔法更加成熟。他注意到自然界由于光的扩散而让阴暗部分也有光线的颤动。这种颤动比明亮的光斑颤动更加难以表现，而且如果不加多碎笔触的数量很难表现出来。所以莫奈开始了对自己的严格训练。

隆冬腊月，莫奈漫步在维特依的雪景里，河水结冰的并不多，冰块随着河水流下。冰块和河水反射着阳光的样子让莫奈看到了不一样的风景，河水和冰块间的对比给了莫奈新的思路。莫奈开始把画板架在了河边来开始琢磨这里的画法，最终画成了《谢努河的解冻》一画。

后来，莫奈回到了诺曼底，从考克斯一直画到布列塔尼的贝宁岛，产出极高。但是没过多久，他就发现自己又没有钱了，没有钱来买画布和颜色。但是在这一圈旅行之后他却养成了更加成熟的笔触。弧形的笔触带来了颜色不同的水面光线闪动的样子，不断变化的笔触大小和颜色，让他的画显得更加明白。

冬去春来，1878 年 3 月底，一些印象派主义者集会到巴黎，决定举办第四次画展。但是这批人里面没有莫奈。因为莫奈实在是太穷了，都没有钱离开维特依前往巴黎。于是，莫奈给凯伊波特写信让他照料画展的一切事物：从收藏家中把画借出来，装框维护。并且，凯伊波特还不断鼓励那些快要丧失勇气的年轻人。但是，衰落是不可避免的，这次的参展者只有区区 15 人。莫奈的朋友们，塞尚、西斯莱和雷诺阿，都没有参加。为了让这次的画展没有那么的寒酸，大家都尽可能多地把自己的画展出来。光是莫奈一个人就拿出了 29 幅画。

出乎大家意料的是，这次的画展得到了比之前几次更多的正面效应，而且还有了不菲的收入。仅仅第一天他们就卖了 400 法郎，最后一个月之后，凯伊波特兴奋地向世人宣布，他们的画展得到了 10000 多法郎，就算除去支出，他们还有 6000 多法郎。每个参加的印象派画家都分到了 439 法郎。这笔钱对于莫奈来说又是一笔救命钱，给了困顿中的莫奈又一丝希望。

但是希望不常有。虽然这次的画展还算成功，但是朋友们的离去还是让莫奈十分伤心。而且，一些人的离去并没有让他们困顿，反而回到了主流的画坛之上。新的沙龙在印象派画展之后举办，令人意外的是雷诺阿入选了。他画了一幅《夏潘提埃夫人》，其中画了夏潘提埃夫人和她的两个女儿。人们从雷诺阿的这幅画中并没有看出任何印象派的影子，也没有往常雷诺阿的欢快，反倒是充满了庄严肃穆。但是曾经的批评家们对雷诺阿的这幅画却是一致地赞赏，都开始认为雷诺阿已经可以在沙龙占有一席之地了。

夏潘提埃夫人走到沙龙展厅，看到自己的肖像被挂到了墙壁中间的一个很显眼的位置，不禁露出了笑容。就连雷诺阿也知道，他的入选和夏潘提埃夫人的影响力是分不开的。如果没有夏潘提埃夫人的威望，他想单凭一幅人的画像是不能入选这么“高尚”的场合的。

此时的莫奈无疑是心理矛盾的。他看到了雷诺阿的成功，也明白自己的失败。雷诺阿开始被主流画界所接受，西斯莱和塞尚也开始重新走入主流。只有莫奈一个人苦苦支撑着印象派。这个破碎的集团会不会已经不会再有什么起色了？他现在甚至开始怀疑自己的做法是否依旧正确依旧有意义。作为画展的创始人，和沙龙的评审委员作对抗就是他们的信条。但是在沙龙外面几乎没有人取得成功，他所作的斗争也毫无结果。难道就这样任由这个集团破裂吗？20 年啊，20 年的辛苦操劳没有得到上天的青睐，反而让他丢失掉了最初的一些重要的友情。他深刻觉得自己不能再这样背离人们的尊重来试图进行斗争了，沙龙外不是一个可以斗争的地方。万不得已的时候，他还是要回到沙龙，用自己的画来和那些老顽固们对抗！

夏潘提埃夫人及孩子

于是莫奈就这样决定，一定要以自己的方式来完成对印象派最后的救赎。

沙龙对于他来说是虎穴，但是不入虎穴焉得虎子？没有牺牲和冒险，一味地在远处放毫无杀伤力的箭有什么作用？还是要靠自己的实力来夺取沙龙的一席之地，来沙龙竖起曾经被唾弃的印象主义大旗，让印象主义之光照亮整个沙龙。

就这样，莫奈决定1880年要送去沙龙两幅油画进行评审。但是这样的冒险终归是有风险的，因为当初大家一起在与官方沙龙作斗争的时候，是很鄙视官方沙龙的。沙龙在这些印象派小伙子心中就是专制腐朽的存在。但莫奈现在的表现无疑让大家大跌眼镜，德加甚至开始公开谴责莫奈向官方的妥协，并拒绝了与莫奈的任何联系。但是，有谁能理解莫奈的苦心呢？

就这样，现在依旧坚守在印象派阵地里的只有毕沙罗、凯伊波特和鲁阿尔等区区几个人了。塞尚、雷诺阿、西斯莱和莫奈的离去，无疑让这个队伍失去了领导。为了和沙龙对着干，他们在1880年也举行了第五次印象主义画展，但是已经名不副实了。就此，“印象主义”这盘散沙终于开始分崩离析。

左拉说："印象主义集团已经解体。"确实是这样，这个团体再也不是之前那些每天互帮互助，齐心协力改变当今画坛状况的年轻人了。他们开始怯懦、开始妥协、开始厌倦、开始互相攻击。他们引起的大范围的震动就如同炸弹一样，"嘣"的一声，引起了人们的广泛注意，但是之后就又恢复到寂寥无声。冷淡，已经是现在给这些印象派画家们最后的态度了。

印象主义的破灭

当印象主义的声音在自己的画展中渐渐衰退了之后，他们在沙龙也没有取得应该有的成就。本来莫奈的"小算盘"打的是通过官方沙龙来改善民众的审美单一性，更好地扩大印象派在艺术界的地位。可是天不由人，莫奈送去沙龙参展的两幅画都被拒绝了。莫奈对此表示了愤慨，于是在稍后几个月举办了自己的个人画展向沙龙示威。

就在这次个人画展上，人们很感兴趣莫奈作为一个印象主义先驱者的改变。当记者们问他：“你是否还是一个印象主义者呢？还是你现在已经终止作为一个印象主义者所以才参加的沙龙呢？”

莫奈很严肃地说：“我还是一个印象主义者，并且永远是一个印象主义者。我觉得我能够站在这里是对我态度最好的说明：我依旧在反沙龙。但是毕竟和我志同道合的人太少了，所以我并不认为在现在印象主义那个圈子里能够找到一起奋斗的家伙。现在那里与其说是一个大的团体，倒不如说是一个俱乐部，阿猫阿狗都能加入其中。

“我依旧是一个印象主义者。和德加、雷诺阿不同，我并没有叛离印象主义的方向。对于我来说，找到一个发扬印象主义的方式很重要，不应该把沙龙和反印象主义联系在一起。为了让印象派发扬光大，没有一些极端的手段是不行的。”

莫奈表现出自己强硬的态度，也让德加等鄙视莫奈行为的人开始对他有了改观。终于，事情有了转机。1881 年的官方沙龙发生了重要的变化，政府放弃了自己的监督，转而成立了一个美术家协会进行组织。而之前每个入选过沙龙的人们都能够得到评审资格。无疑，这和莫奈、雷诺阿等印象派的加入是密不可分的。顽固的艺术界终于开始瓦解，新的时代向每个画家在召唤。

这样一来，沙龙又有了诱惑力，重新把那些新派的画家们又召集了起来。与此同时，莫奈在画展之后名声大噪，在维特依找到了一群为数不多但是很可靠的收藏家和支持者，丢朗·吕厄又开始支持莫奈了，并从1881年开始固定收购莫奈的作品。对于莫奈来说，这是一件好的不能再好的事情——他终于开始摆脱经济上的困扰了。

1882年是莫奈多产的一年，他沿着诺曼底海岸一路旅行，在瓦洪杰维勒海岸找到了灵感，并在这里画了不少的风景画。但是这一年莫奈的画明显有阴沉的颜色，这不禁让人猜想他是不是在画中寄托了对卡美伊沉痛的哀思。

1883年4月，莫奈搬到了吉维尼，开始寻求与世隔绝的宁静生活。这里有着莫奈最喜爱的美景，还有自己的梦想陪着自己。他在这里画了许多的风景画，《艾特达的日落》《伊翠特的曼门》都是当时的作品。他在自己的日记里曾经写道："我太高兴了，吉维尼真是一个绝美的地方，令我着迷不已……"尽管这里美景十分吸引人，他还是离开了吉维尼去寻找一些新的东西。于是在同年的12月，莫奈和雷诺阿一块到亚速海岸共同旅行，来试图寻找新的画旨。

伊翠特的曼门

很快，莫奈就被地中海的景色所倾倒，开始着迷于那种美好的桃红色的落日和蓝色的海洋。与此同时，印象派第六次和第七次的画展莫奈并没有参加，他已经对这个集团失去了信心，相比之下，他更想把自己的风格发扬出来。于是在短暂的旅行结束后，莫奈又孤身一人去了地中海。

在莫奈留给丢朗·吕厄的信中说道："我这次之所以没有和雷诺阿一起来的原因是，我不想让任何人打扰我的工作了。和雷诺阿的旅行固然很愉快，但是却会影响我们彼此的进程。我始终坚信，艺术家在孤独中才能悟到艺术的真谛。所以，务必保密我这次的行程。"

莫奈开始有意识地疏远了其他印象派的画家，他知道现在的画家已经不是从前那个可以互相学习有着共通之处的小团体了。画家们之间的隔阂不只是人与人之间的差异，而且是绘画理念的差别。他们开始抛弃从前共同寻找到的东西，转而用自己的眼光审视问题，发扬自己的风格。就在莫奈远途旅行的过程中，雷诺阿为了寻找属于自己的画风也开始了无尽的探索。他把眼光转向了博物馆，悟到了一个道理：

"印象派的人们在作画的时候，总是太过于注重光线的表现，从而忘记了绘画的构图本质。这样一来就会画出比较符合感觉的油画，但是从大众审美的角度来看，这样的画法是不美的。应该对之前过于随意的尝试进行一下约束。”

吉维尼位于巴黎正西方向70公里的上诺曼底省，在塞纳河谷的一个小山坡上，周围是葱郁的树林和碧绿的草场，村前是一片略有倾斜的开阔地，一直延伸到塞纳河边。

于是，雷诺阿和西斯莱开始把颜色限制在了轮廓里，运用更好的构图方式来表现自己的画面。他们开始偏执到每个树叶都要先用钢笔勾出轮廓来再上色。

莫奈在旅途中先是拜访了在艾斯塔克港湾工作的塞尚之后，又到了意大利的瑞维耶拉停留了数月，在海边创作了一系列同题材的风景画。题材上的创新让莫奈也愈发地明白了自己的前路，不断地尝试也让莫奈明白了年轻时的大胆会带给他多大的好处。印象主义是莫奈一手创建的，他也要眼睁睁看着它毁掉。

1886 年，第八次印象派联合画展如期举办。这次的画展引进了两个新人，保罗·西涅克和乔治·修拉。他们都是莫奈的狂热崇拜者，可是他们的崇拜有了一点变味的感觉。本来是对于莫奈的狂热才把他们引入了印象派的大门，但是他们在研究过程中受了近代科学发展的影响，忠实地相信一切“感觉”都是有物理机制的。他们研究光学，研究莫奈的油画，研究一切印象派表现的东西，然后把这些表现手法量化，就连每一个点应该点在哪里都做了相应的计算。这种“科学化”的印象派无疑触动了莫奈。莫奈对这种方式十分地不满：“不去琢磨光的效果，却把观察到的东西完全转化为严密经营过的色点，这是多么的幼稚！直觉不能被科学代替，纯技术的方法是对自然的亵渎！”不仅是莫奈，雷诺阿、凯伊波特等人都对此表示愤慨。但是现在的联合画展负责人毕沙罗却很看好这种量化后的印象派，并称他们是“印象派复兴的曙光”。莫奈一怒之下，撤走了他在联合画展的所有作品，从此不再和所谓的印象派来往。

就在第八次联合画展之后，莫奈看到了印象派最后的夕阳。《1886 年时的印象派》是修拉的朋友出版的一个小册子，里面宣称印象主义已经被修拉的新风格代替了，现在开始是新的纪元，“新印象派”的时代到来了。但是，莫奈不仅没有看到新的时代，反而目睹了旧的时代的终结。

就这样，格莱尔画室，沙龙，枫丹白露森林，烈士啤酒店，盖尔波艾斯咖啡馆，这些同印象派的诞生密不可分的东西，就跟着印象派，被封印在了深深的湖水里。

另一个女人和另一个莫奈

1866年，丢朗·吕厄不顾莫奈的劝阻，毅然远赴美国，在纽约最繁华的地方开了一次印象派的画展。“巴黎印象派画家与色粉笔画”，这是展览的主题，也是吸引观众的噱头。果不其然，美国的民众似乎对欧洲尤其是法国的艺术格外感兴趣。同根同祖的他们往往让从欧洲漂洋过海来的绘画显得很有吸引力。美国作为一个移民国家，在对待艺术的态度上也和对待国民的态度是相同的，显得很包容和多元化。美国的评论家们没有做出嘲笑的态度，而是很诚恳地去了解画中的意义。

美国评论界说：“我们能够看到画家们是抱着很确定的意图在创作，他们超出了规则之外，所以不注意规则；他们不会去计较小的真实，而是把表现放到了第一位。”这是印象派在艺术界获得的最中肯的评价，也是印象派在世界成名的第一步。

丢朗·吕厄感受到了印象派的发展潜力，又在欧洲许多国家办了印象派的展览，取得了很辉煌的成就。当德国人开始对印象派的表现能力啧啧称奇的时候，法国公众依旧不知道印象派的那些人在世界上掀起了多大的轩然大波。这些展览也让莫奈、雷诺阿等人在国际艺术界取得了举足轻重的地位。

但是与此同时，莫奈也没有忘了继续创作。就是在1886年，莫奈创作出了他人生中较有名气的一幅人像画《打伞的女人》。这幅画的模特是一个叫做苏珊娜的女生。而这个女生，做莫奈的模特已经很久了。

苏珊娜是爱丽丝·欧希德和其前夫的孩子。爱丽丝的前夫曾经是莫奈的支持者，资助了莫奈的一些绘画创作，但是在之后不小心破产了，从此妻离子散。于是爱丽丝就和莫奈住在了一起，过着“非法同居”的日子。更让人大跌眼镜的是，就在卡美伊撒手人寰之前的日子里，莫奈还在和爱丽丝同居。

虽然莫奈深爱的人是卡美伊，但是不可否认的是爱丽丝是莫奈的知交，也算得上是红颜知己。爱丽丝与莫奈的关系让旁人琢磨不透。莫奈的朋友们也不知道莫奈究竟有

打伞的女人

多爱卡美伊，也不知道爱丽丝有多爱莫奈。他们知道的只是，无论是哪一种关系，都是两个人感情的体验。同为艺术家的朋友们明白这种感情的维系对于莫奈的重要性，所以也没有人谴责莫奈的滥情和爱丽丝的不忠。

1886年之后，印象派的艺术家们开始互不关心其他人的进度，转而享受自己的小小的成功。莫奈也由于受到了稳定的资助，生活逐渐好转，在吉维尼买下了粉红小屋。和爱丽丝共处的日子无疑是比和卡美伊相处的日子快乐的。经济上的好转和生活上的惬意让莫奈开始了幸福的生活，同时他也在吉维尼开始练习人物与外景相配的绘画。

但是让人奇怪的是，莫奈并不经常给爱丽丝画像，反倒是经常以苏珊娜为模特进行绘画。这种待遇明显和卡美伊不同，一方面是卡美伊比爱丽丝要漂亮许多，另一方面莫奈还是害怕世俗给他们太大的压力，所以不敢给爱丽丝画像。

在莫奈去意大利远游的时候，他曾经给爱丽丝写过一封信。

“花园里还有花吗？我希望在我回来的时候花园还有菊花。如果结霜了，就用菊花做成美丽的花束吧。

“我爱你，爱丽丝。在离开你的这段日子尤其想你。

如果可以的话，我们选择结婚吧。”

爱丽丝喜极而泣，她等这一天已经等了好久。她如此深爱着莫奈，以至于在莫奈还在为卡美伊的死伤心的时候，是她陪在他身边；在莫奈经历了经济上的极大困难时，是她陪在他身边；在莫奈生活终于有点起色，开始隐居绘画的时候，是她陪在他身边。而这一切，都因一句“我们结婚吧”而变得值得了。

终于，在1892年，莫奈与爱丽丝再婚，结束了长达13年的爱情长跑。对于爱丽丝来说，她终于可以名正言顺地陪在莫奈身旁，陪莫奈走过剩下的所有属于他们的日子。

在吉维尼的日子可能是莫奈一生中最幸福的日子了。这里不仅有如画美景，还有自己心爱的女人陪在身边，当然还有小约安和苏珊娜。一家人过着隐居郊外的好生活。在给丢朗·吕厄的信中莫奈写道：

“这里很好，我十分满意。只要能够安定下来，我就能画出很好的画。在这个地方我不是一个人，但是我依旧感觉孤独。这种孤独能给我最好的心灵体验，让我能够正视自己眼前的景色，能够正视自己手中的笔。相比之下，我还是更喜欢这种田园生活。虽不像巴黎那种大城市能够给人以繁华的感觉，但是却处处有素材可以写生。这些美景督促我每天都要忙碌着去找更加入画的美景，也让我曾经一时浮躁的心静了下来。我决定再在我家周围租用一些果园和菜园，这样也许生活会更加像生活。”

第 6 章：晚年的池塘睡莲

光影下的草垛

随着莫奈的出名，他的画也变得炙手可热了起来。1887 年，巴黎的“布索与瓦拉索画店”买下了莫奈所有后期的作品，并且以高价毫无困难地卖了出去。一时间，莫奈所处的巴黎也变得和当年“洛阳纸贵”一般。连莫奈都开始不习惯这种大名声了。

1889 年，为纪念法国大革命 100 周年，莫奈决定和罗丹两个人联合在乔治·帕蒂陈列馆内组织一次单独展览。莫奈很看重这次展览，决定以此为契机向更多的人展示自己的绘画。于是他把自己1864年到1889年中所有66件作品都拿来展出。毫无疑问，这次的展览对于两位艺术家来说都是事业上的大转折，莫奈用自己的努力和奋斗终于征服了大众，征服了所有曾经看不起印象派的人。现在，他以“印象派之父”的名号屹立于世，傲然地听着人们的赞赏和夸奖，就如同当年那个15岁的小莫奈听着大人们对于他的溢美之词一样。但是事业上的成功却没有给这位大艺术家快意人心的感觉，反而觉得这个喧嚣的大城市不是自己安身立命之所。所以为了自己对于孤独的迫切需要和想要逃离大城市的压抑，莫奈终于又拖家带口回到了吉维尼，这个让他真正感受到什么是美景的地方。

在吉维尼，莫奈常常感叹：“要是我出生之后就是个瞎子就好了，然后突然复明，这样一来我就不能分辨眼前看到的是什么东西，作出来的画也一定是保留了我所有的印象了。但是可惜的是我不是瞎子啊，这样无论我再怎么磨砺，画出来的东西还是会有我的主观意识：我知道那是树，知道那是草，知道那是卡美伊，教我怎么完全只凭印象呢?”

法国大革命，是1789年在法国爆发的资产阶级革命，统治法国多个世纪的君主制封建制度在三年内土崩瓦解。法国在这段时期经历着一个史诗式的转变：过往的封建、贵族和宗教特权不断受到自由主义政治组织及上街抗议的民众的冲击，旧的观念逐渐被全新的天赋人权、三权分立等的民主思想所取代。

经过筹划，莫奈租了一个带有果园和菜园的小庭院，来安顿自己的妻儿以及佣人。经济上还不是特别富裕的他要养得起这样一个大家庭还是有点吃紧的，所以莫奈更加努力作画了。他想的是："反正现在已然出名，我画的画肯定能够找到买主，所以多画一些来补贴家用也未尝不可。"这段时间的大量习作，也让莫奈在艺术主题的选择和技法上的探索更加出彩。

在吉维尼，莫奈没有一个固定的画室，常常是走到哪儿画到哪儿。但是他有一个固定的工作室来供他欣赏并修改自己的画作。这个地方与其说是工作室，倒不如说是牛棚，因为太过于简陋，让他的朋友们在看望他的时候都以为只是个废弃的什么建筑。室内没有地板，就仅仅是泥土地，和牛棚的最大差别可能就是他给这个建筑物装了一扇大门。室内没有任何的装饰物，有的只是一个画架而已，还有就是四周木板的不规则突起和地上零星的枯草。朋友们来看望莫奈的时候，常常会看到一个年过半百的老头，叼着烟斗注视着自己的画作，仿佛恨不得要钻进去找到一丝瑕疵似的。一双清澈的眼睛，透露出来的是经历过无数风霜之后的淡然。连朋友们都开始觉得，莫奈变了，莫奈变得不像是那个只为了自己的痛快而不去想其他人的人了；莫奈变得不再是把绘画看得比家庭还要重要的人了；莫奈再也不是那个豪情万丈的男人，但是他经历过的事情却让他更加睿智与成熟。

虽然沉稳了许多，但莫奈的心还是野的。他租了当地的一个粮仓，每当天气好的时候，就从这里出发去找可以绘画的场景：大多时候是河水之类的景色，因为莫奈毕竟和水还是有着很深的渊源的。甚至到后来，莫奈买了四个游艇，把它们拼了起来，搭建成一个流动的平台，这样一来他就可以在这个流动平台上作画。顺着河流的流动，莫奈看到了许多在岸边看不到的构图。当他看够了这些景色，又开始探索更远的地方。莫奈沿着塞纳河画了一圈，觉得不过瘾，又跑到河对岸山丘地带去画些山地景色。野性的血液流淌在莫奈每一个毛孔里，深深呼唤着莫奈走向更远的地方。但是再野的心也有疲倦的一天，当莫奈发现自己的探险已经不足以带给他足够的题材来进行作画之后，他静了下来，发掘了另一种作画方式。

莫奈五十多岁时，由于地方有了通行税政策，让四处游走的莫奈不得不放弃了他的冒险，转而安静地待在家里去寻找更好的以及更“便宜”的作画方式。终于，他找到了。他开始把自己限制在同一地点，在不同的时间进行多次写生。这样一来不仅能够表现他对于时间上的印象性，更能够多产出一些画作来补贴家用。这种组画形式成为莫奈晚年的首选，代替了过去一幅一题材的写生。

灵感总是在不经意间迸发出来。1888 年秋，金黄色的麦子被勤劳的农民收割之后，枯黄的草杆被人们绑起来堆成垛。莫奈在一旁观看着，突然看到了一种神奇的光线灵感。于是他赶紧让苏珊娜拿来画布，将这一瞬间的感觉表现出来。但是他发现这一瞬间过去之后，又是另一瞬间的感觉。虽然只是细小的光线差异，但却给了莫奈不一样的感受。随着时间的推移，莫奈已经感觉到了几十种不同的感觉，他也画出了这几十种不同的麦垛。但是瞬间的感觉用笔来表述的话太过于仓促了，虽然他一天就起草了几十个草垛，但是却没有一个能够完成。于是他选择了等待。

第二天，他守在同样的麦垛同样的角度下，等待着同样光线带给他同样的感觉。于是，那个时刻来了，紧接着是下一个、再下一个。莫奈不断转换着画布，执着地想把昨天的光感表现出来。朋友在参观的时候问他，为什么不一口气直接把一幅画画完？莫奈很淡定地说道：“我现在画的麦垛是我现在感受到的，如果一直只画一幅画的话，我怎么能够保证自己的画是完全体现了自己的印象呢?”

于是用这种对于瞬间印象的执着，莫奈完成了自己最有名的一组画《夕阳下的麦垛》。

永远存在的光

当组画《夕阳下的麦垛》完成的时候，连莫奈自己都有点无法相信自己的眼睛。这些画完全就像是有事件关联一样。画面上的落日，恰如其分地照在两面粗糙的麦垛上，和黄色背景形成了鲜明的对比。细小的笔触和明亮的色彩让麦垛边缘泛起了红光。麦垛此刻仿佛就是有圣灵一样，代表着农民对于丰收的理想，代表着辛苦的劳动人民在烈日的曝晒之后得到的奖赏。瞬间的感觉基础让莫奈领悟了他这辈子追求的真谛，从此他不再只是一个对大自然会付出无限感情的人了，而是真正懂得用色彩完成对于美的诠释。

之后，莫奈又看到了吉维尼附近的利梅兹的池塘边上有着几棵白杨。这些白杨在太阳的照射下显得格外高大威猛。于是在池塘附近，莫奈又架起了画架，开始了新的一组画。但是在绘画的某一天，有一个砍柴人走到了池塘边，拿起斧头就要向白杨下手。莫奈大惊失色，赶忙问砍柴人这是怎么回事。原来这几棵树已经被卖掉了，所以柴商才会来把树砍掉。这样一来莫奈就没有办法去作画了，于是他决定先付钱给这个柴商，让他晚一些把树砍掉，这样就可以顺利把它完成了。

当他把《白杨树》组画完成之后，他联系了丢朗·吕厄，要去他那里展览一些近期的画来补贴家用。于是他画的《夕阳下的麦垛》，在展出后的三天内，就以每幅 4000 法郎的价格都卖了出去。连一向对莫奈极有信心的吕厄也对莫奈的画的受欢迎程度感到震撼！后来，吕厄对朋友们

白杨树（1892）

说："果然如同我先前说的那样，莫奈已经引导了印象派的道路了。"

莫奈的性格越来越温顺，但是还是忍不住到处去寻找能够入画的地方。那个时候他简直不是一个画家，而是一个猎人，漫山遍野奔跑的猎人。而他的猎物则是美景，潜伏在各个角落的美景。这样一来苦的是经常来和他出野外的朋友和拿着画布到处和他跑的孩子。曾经莫泊桑经常和莫奈一起寻找印象，一来是为了帮助莫奈，二来莫泊桑也想着自己找寻一些新的灵感。但是他没有想到的是莫奈近乎疯狂的态度让所有人都觉得他真是个狂人！让家人在大雪中等待着他归去吃饭是常有的事。但是这种努力带来的结果是显而易见的，莫奈对于光感超常的理解能力让所有其他印象派的人自愧不如。他和光线决斗的精神十分强悍，常常是集中精力一看就是一整天，要是有人中途打断了他，温顺的他也会暴怒的。

在寻找瞬时的感觉的时候，莫奈也练就了一番新的绘画技巧。因为瞬间的印象时间总是很短，常常也就三五分钟。于是莫奈就用快速而又准确的感觉起稿，在画布上寥寥几笔勾出轮廓，然后一口气画下来。要是中途被人打断了，对于光线的感觉消失了，他就一定会暴怒，就像割掉了他的舌头一样。这样的话他就只能等待第二天的朝阳带给他同样的感受了。有的时候为了节省时间，他常常带三四幅画布，然后在同一个地方画出不同时刻的感受，如果当天画不完就去等第二天继续画。光线的瞬时感觉带给莫奈的不只是理念上的提高与创新，更多的是他不用再每次为找到恰好的气氛而每天奔波了。

1892 年，画腻了风景画的莫奈转而把目光投向了建筑。越是繁杂的建筑物，越能够激起莫奈的创作欲望。因为复杂，所以在绘画的时候注重细节就会少一些，因为注重不过来；注重感觉就会多一些，因为这是投射。于是鲁昂大教堂成了莫奈练手的最好对象。烦琐的哥特式教堂，无论从哪个角度看都是结构很复杂的。但是莫奈却不以为意，认为这种繁杂的结构与光线的配合特别地相得益彰，连投射到墙上的复杂光斑都让人感到心安。于是莫奈开始了自己的新的征程。他把画架架在了不同的地方，对面的街上、附近的居民住处或者是房顶上。通过不同角度的对比来表现鲁昂大教堂的复杂的美。虽然在绘画的初期就有人劝他说："这种费力不讨好的素材还是不要画了，不仅浪费精力，最重要的是怎么也不会画得让人们看起来舒服的。"

但是莫奈之所以是莫奈，是有一定原因的。这个原因就是他出色的表现能力：他用颜色冲破了界限的存在，而让整个鲁昂大教堂没有结构只有颜色上的差异；颜色的对比和线条的交错让整幅画充满了与庄严肃穆不相关的旋律。

1895 年，莫奈展出了自己在这三年画的 20 幅《鲁昂大教堂》的油画，着实吓坏了一批人。虽然人们早已经习惯了印象派绘画的出人意料，但是莫奈的这些画还是给了人们太多的惊喜。与其说这些画画的是鲁昂大教堂，倒不如说是在阳光下，鲁昂大教堂反射光线后的感觉。这种感觉太过于真实，反而让人们开始怀疑到底哪个是真的。艺术理论家们对这些画表示出了强烈的狂热，认为这是创新工程中的一大步。虽然依旧有人批评，但是这样的反面话语，已经不能够对莫奈的心产生哪怕那么一丝丝的波澜了。莫奈懂得自己，看似随意的涂抹其实在每次下笔前都有斟酌，放荡不羁的笔触也是在腹中翻滚了无数次之后才有了结果。看着自己的画，每一笔都凝固着自己的思想，莫奈都被自己感动了。

但是，生活并不总是一直顺利，也不是说只要奋斗了就一定会有好结果。有的时候，过度的劳累带给人们的只能是伤害。由于长时间探索光线，莫奈的眼睛已经感到了精疲力竭，视力坏得几乎不能够再恢复。对光线的迷恋让莫奈终于尝到了恶果。眼睛是最好的工具，也是最坏的工具。它们不会欺骗人们，但是会带给人们不好的感觉。此时的莫奈，已经明白了自己的工具不会再使用多久了。于是，一组画在他心中渐渐形成。他知道，他该画一些画来告别这个世界所有的美好景色了。

那一簇美妙的睡莲和爱

其实，早在很久之前，莫奈就了解，自己的眼睛是受不了这么高强度的工作的。但是对于色彩的追求，让这个老年人不能够放弃属于自己的最后一丝颜色。1890 年，莫奈在卖出一部分画之后经济情况有所好转。于是他从房东那里把自己居住的房子，连同花园一起买了下来。在栽了几年的花之后，他发现不能从中找到一些能让自己欢喜的灵感。于是他决定涉足自己最擅长的水的领域。于是莫奈在 1893 年 2 月买下了一块离自己住处不远的地，准备建造一个池塘。

要造池塘首先就是要解决水的问题。虽然附近有河水流过，但是吉维尼附近的住户都反对莫奈把他们赖以生存的水源截掉一部分来注入他的池塘。但是莫奈的愿望如此强烈，以至于他四处奔波求情，希望村民能够让他把他的池塘注满河水。村民们终于退让了，答应了莫奈的要求，但是有一个条件就是确保这个河水还和以前一样。

莫奈如愿以偿建成了一个池塘，又在池塘里面种满了睡莲。大片的睡莲映着池塘微微泛绿的河水，带给了莫奈前所未有的惊喜。“就是这样！就是这样！我找的感觉就是这样！”莫奈看到了水波，看到了随风摇摆的枝叶，看到了含苞待放的睡莲。此时，莫奈对于这个主题的感情，远远超出了其他事物的感情了。看到满池的睡莲，他仿佛有一种看到自己孩子一样的感觉。这种感觉促使着他拿起画板，开始描绘出眼前的一切。

也许是受到了一些日本版画的影响，他还特意在池塘上建造了一个拱桥。这样更突出了一种异域风情和不一样的和谐美感。从此，莫奈一心扑在了这个池塘上面。无论是整理岸边杂物还是给睡莲剪枝，莫奈都是亲力亲为。还一边给自己心爱的“孩子们”画像，一边构想着下一步的睡莲应该怎么种。

1900 年底，莫奈把 13 幅“睡莲”交付给了丢朗·吕厄，让他帮忙去展览。青藤古桥，背景是岸边翠绿的颜色，波光粼粼的水面上是绵延不绝的睡莲。这些画迅速产生了很大的影响，人们纷纷感叹莫奈已经超神了。记者们总是有着灵敏的嗅觉，他们发现了莫奈画的睡莲真的是一个很好的景色，于是纷纷赶到吉维尼来拍摄一些池塘睡莲的照片刊登在报纸上。这样一来，有很多慕名而来的巴黎绅士们在小小的吉维尼都要看一眼传说中的池塘睡莲和画睡莲的神人莫奈。这些川流不息的客人们带给了莫奈无比的困扰，连一些美国的画家都开始慕名而来要和莫奈一起去画这些睡莲。莫奈虽然心烦，但是表面上也没有表露什么，只要不打扰他作画，这些人做什么都行。

莫奈已经是让世界致命的人物了，每天去睡莲池塘边看他的都是无比钦佩他的人。那些曾经抨击过他的上流绅士们，也开始恭维起这个温驯的画家了。法兰西美术学院给了莫奈一袭荣誉位置，但是他毫不为之所动，依旧专心作画。对于莫奈来说，没有什么地位和职位能让他放弃原本属于绘画的时间和感情。如果他爱绘画没有胜过爱其他的事物的话，那他就不叫一个画家了。

1903 年，莫奈又买了池塘南面一块沿河岸的土地，这样一来他又把池塘扩建了。一到夏天，池塘里布满了睡莲。漂浮着的睡莲在水里游荡，给了莫奈新的灵感。他开始精简画中的睡莲，而把水作为一个主要表达的元素。他在这一年画的画，大部分的画面都只有水没有其他东西，连睡莲都很少，河岸也几乎看不到。但是水中却反映出了天空的细部，甚至连空中薄薄的云彩都能展现得一清二楚，水的质感异常突出。

但是，莫奈在此之后没有卖过一幅画。他并不是自负，而是觉得这些画都对观众没有太大的用处，只是自己闲暇时陶冶情操的玩物。尽管画商多朗德·诺尔曾经想让莫奈展出一些晚年的作品，但是莫奈自己很固执，他认为这些画没有用就是没有用，就算付之一炬也不会给其他人看到。但是看到过这些睡莲和池塘的画的人都说："莫奈最出色的画，绝对不是他早些年画的画，而是现在的这些水上风景。没有一幅画能够跟这些水相提并论，如果有的话，应该是他的另一幅池塘。"

这些画把握了所有关于印象的元素，让没有印象派概念的人也能从中看到他想表达的东西。有人是把画面写成

睡莲

了诗歌，而莫奈，绝对是把诗歌绘成了图画。

1909 年 5 月，在丢朗·吕厄的画廊里，人们终于看到了期待已久的莫奈的《睡莲》。这次的睡莲共展出了他所有的 48 幅睡莲图。从早期的密密麻麻的睡莲，到中期几棵稀疏的睡莲，再到后期连小桥都没有了，只留下了深沉的水独自留在画面中。这些睡莲成了莫奈最后的精神支柱，虽然他依旧是那个活泼敢于冒险的小莫奈，但是岁月已经不允许他再这样欢快地活下去了。

永不消逝的灯塔

也许是莫奈太过于注重自己的绘画事业，这样他身边的人过得都不是很幸福，尤其是女人。之前是卡美伊，仅仅一起度过了短暂的幸福时光之后，他们就开始忍受贫苦的日子，最后卡美伊不得不在病痛中死去。而爱丽丝也没有好到哪里去，在大雪中和孩子们等待外出寻找灵感的丈夫，在莫奈的身边一遍又一遍听着莫奈对于卡美伊的思念，独自看护着他和她之前家庭里的 8 个孩子。如今，就在 1911 年 5 月，爱丽丝也与世长辞。这对莫奈来说是一个非同小可的打击，生命中又失去了一个亲人，这让他一度不想绘画了。

但是，祸不单行，次年，医生就确诊了他的右眼患了退化性白内障。虽然知道自己的眼睛有些不好用了，但是莫奈没有想到打击来得这么快。他开始了同病魔斗争的日子。可是悲剧总是一起到来，1914 年，莫奈和前妻卡美伊的大儿子约安也过世了。丧亲之痛和自己的身体状况让老年的莫奈甚至到了绝望的地步。为了帮助莫奈从悲伤的情绪中走出来，莫奈的好友雷诺阿经常写信给他，鼓励他从悲痛中缓解出来，去从一连串的不幸中寻找活下去的勇气。这种悲伤的感觉让莫奈开始间歇性头痛，后来发展到了不得不靠药物支持的地步。

1914 年，莫奈在吉维尼住处的东北角建立了第三个画室，开始了他人生中最大的工程——椭圆环室壁画。壁画长 366 厘米，高 183 厘米，绝对能够称得上是一个大工程。这是早先莫奈打算为巴黎奥兰茱立宫的圆形大厅设计的一幅环形壁画，然后想到用睡莲作题材，让人们进入环形壁画中就有身临其境的感觉。

于是他开始了自己人生中最后一项工作。绘画现在是唯一一个能够让他忘记悲伤的事物了。但是他还未从丧子之痛中缓过来，他的小儿子，米歇尔也要离开莫奈，去当志愿军。他的身边只有爱丽丝和前夫所生的布兰斯陪伴。第一次世界大战的硝烟燃烧到了池塘外 40 英里的地方，但是莫奈却不为所动，依旧在自己的池塘边画着自己最后的遗物。

这幅画如此之巨大，让莫奈的进程缓慢了好多。但是他绝不会把这幅画分成几个细小的单元进行创作，那样会丧失掉整体性。当朋友们来拜访莫奈的时候，看到的只是一个白发苍苍的老头笨拙地拖着笨拙的画架辛勤作画。

但是，由于各种原因，这幅画没有被批准挂到奥兰茱立宫。不过在第一次世界大战结束之后，莫奈向自己的朋友——也是法国总理——克里蒙梭提出建议，愿意捐出两幅画来庆祝法国的胜利，其中就有这幅椭圆环形壁画。这幅画，莫奈从开始设计、筹备，到绘画，前前后后一共用了有二十多年，此时的莫奈已经是一位 82 岁的老爷爷了。长时间的绘画让他的视力一天不如一天，他告诉朋友："我试图拿起画笔，但是现在我明显感觉到了困难，不过无论怎么样，我还是打算要继续作画。”

1922 年 4 月 12 日，莫奈正式将自己的壁画赠予了国家，同时赠出去的还有自己 20 年的苦痛，以及对于卡美伊、爱丽丝、约安等人的怀念，和对自己真正意义上的绘画生涯的句号。法国政府为了感谢莫奈对于艺术的巨大贡献，以 20 万法郎的高价收购了莫奈在 1866 年作的《花园里的女子们》。

1923 年 1 月，莫奈接受了右眼手术，之后又进行了第二次手术。但是手术并没有给莫奈带来好视力，反而让他患了黄视症——看见的一切都被黄色笼罩。没过多久又患了紫视症。现在的莫奈对于颜色已经完全紊乱了，他的眼前都是紫蓝色的云雾。为了不影响绘画，他不得不大量购买蓝色，企图从自己仅能看见的一点颜色中挤出来一些图画。但是看来他低估了眼疾的威力。还没过多久，他就只能够通过颜料管上面的字母来辨别不同的颜色，而且就算是离得很近他也很难看清楚画布上的东西了。

他在给朋友克里蒙梭的信中说道：“我现在画画比任何时候都要困难。因为眼睛的问题我不得不放弃一些事情，比如绘画。这是我最后一块画板，再之后我觉得我不可能再画下去了。如果可以的话，我希望画到 100 岁，甚至更久！但是这不可能了，要是有一双好眼睛就好了。”

克里蒙梭眼中含着热泪，握着莫奈的手说：“你已经是一位非常了不起的画家了，就算是在眼睛不好的时候，你也画出了别人达不到的高级境地。如果在你落魄的时候我鼓励你是为了让你能够活下去，那我现在这么说就是为了让你继续画下去了！”

但是大家都知道，现在的莫奈，已经画不下去任何东西了。

次年冬天，莫奈患了气管炎，这让他的身体每况愈下，情绪也变得暴躁了起来。缺乏应有的休息，消瘦，病痛的折磨，正在一点点蚕食着画家最后的生命。他不顾家人反对起床来继续画画，由于不满意自己画的东西，他在这个冬天毁掉了整整 60 幅他之前的作品。在画布中，他依稀看到了卡美伊、看到了爱丽丝、看到了小约安，也看到了 15 岁的自己。当时的他，每个毛孔里透出来的都是新鲜的活力，没有一丝妥协的气息。他看到了布丹老师，看到了他们一起写生的场景，看到了布丹老师亲切的面庞，布丹老师仿佛是在说：“要忠实于自己的眼睛。”他看到了枫丹白露，看到了巴比松派画家的写生，看到了画中的绝美风景。他看到了格莱尔画室，看到了雷诺阿、西斯莱，看到了烈士啤酒店，看到了一群年轻人在热火朝天地争论着什么。他看到了卡美伊，看到了和她第一次相见的情形，看到了她第一次成为他的模特时害羞的神情，看到了他们一起共患难的场景，看到了卡美伊死在他怀里的样子。他看到了 39 岁的自己，看到了 45 岁的自己，看到了 60 岁的自己。

经受了漫长的折磨，莫奈于 1926 年 12 月 5 日与世长辞。享年 86 岁。他在去世前，看着周围慕名前往的青年人们，满眼都是他 20 岁的样子。

“卡美伊，我来了。”

莫奈的葬礼遵循了他生前的遗嘱，采用的是非宗教形式。没有钟声、没有祈祷，只有他一个人默默地走向天堂。我们不知道他死前会想什么，还有什么遗憾，我们只知道他留给世人的，是数不尽的财产。

莫奈是印象派中成名最早的，也是在最初最受打击的。他也是印象派令人惊奇的七星中最后一位大师。是他引导印象派真正走向胜利，也是他差点一手摧毁印象派。但是无论人们怎么去想他，这位大师总是用自己的方式来诠释他对于印象的看法。虽然在他死后，印象派渐渐走向衰落，或者说，直接灭亡了。但是他对于后世所作的贡献让人们永生难忘。

在克里蒙梭的主持下，葬礼安静地进行着。好几批悼念者不远万里而来给了莫奈最后的祝福。这些悼念者大多都是年轻的画家，在他们眼里，莫奈就是一座灯塔，指引着他们前进的方向。如今灯塔已经不再闪亮，但是依旧是那个灯塔，永远不会消逝。

就算时间过得再久，就算新派的画家们不再打着印象主义的旗号去抗争，但是这些年轻的弄潮儿们都明白，是谁引领了他们进步的脚步。打破枷锁，冲出牢笼，莫奈和他的朋友们撕开了艺术的偏见，为新一代人们在色彩和线条上的抽象作出了贡献。无论是塞尚、高更、梵高，都在注视着这座灯塔，虽然已经不再亮灯，但却永远在那里，永不消逝。

附录： 莫奈年谱

年代	主要事件
1840 年	莫奈于 11 月 14 日出生于法国巴黎。
1845 年	定居勒阿弗尔。
1856 年	开始学习绘画，结识艺术家欧仁·布丹。
1857 年	母亲去世。
1858 年	其讽刺漫画在勒阿弗尔首获成功。
1859 年	莫奈前往巴黎正式学习绘画，结识了卡美伊·毕沙罗。
1861 年	应征入伍，被派往阿尔及利亚，后因病提前返回法国。
1862 年	结识雷诺阿、巴齐依、西斯莱并成为好友
1865 年	与巴齐依共用画室，结识塞尚和马奈。与女友卡美伊·唐希尔相遇。首次在沙龙中展示两幅风景画。
1866 年	在沙龙中展出《绿衣女人》，获得好评。
1867 年	长子约安出世。莫奈在经济上出现困难，回到勒阿弗尔。莫奈的《花园中的女人》没有

获得沙龙的认可，却被巴齐依买了下来。

1868 年 莫奈在沙龙展出了一幅海景画，荣获勒阿弗尔国际海景画展银奖。

1869 年 画作被沙龙驳回。莫奈定居瓦尔，并与雷诺阿合作《蛙塘》。

1870 年 6 月，与卡美伊在巴黎完婚。

1871 年 父亲去世，全家回到法国，住在塞纳河畔的阿尔让特小镇。

1872 年 在鲁昂和勒阿弗尔生活，并创作了《日出·印象》。

1874 年 参加巴黎首次印象派画展。

1878 年 次子米歇尔出生；妻子卡美伊患病（子宫癌）。

1879 年 妻子卡美伊病故；参加第四届印象派画展展出。

1880 年 首次举办个人画展并获得成功。

1881 年 彻底告别沙龙。在诺曼底生活。

1882 年 莫奈最后一次参加印象派联展。

1883 年 定居吉维尼。

1884 年 他开始周游列国，拜访了伦敦，美国等地。

1886 年　参加在布鲁塞尔和纽约举办的画展。前往贝勒岛，在那里遇到了评论家居斯塔夫·热弗鲁瓦。

1889 年　卢浮宫收购莫奈的画作《奥林匹亚》，莫奈从此开始了画作的公开拍卖。

1890 年　创作了《干草堆》和《白杨》系列。

1892 年　莫奈暂居鲁昂，在那里开始了《鲁昂大教堂》系列油画的创作，并在接下来的一年中继续这一创作。7 月，他与孀居的爱丽丝·欧希德结婚。

1893 年　莫奈购买了一块地，开始了他的“水上花园”（睡莲）创作之旅。

1895 年　丢朗·吕厄展出了莫奈的多幅画作，其中包括《鲁昂大教堂》系列中的二十幅油画。

1898 年　在乔治柏蒂沙龙举办画展，主要展出《塞纳河的早晨》系列油画以及前期的《睡莲》系列油画。

1900 年　通过丢朗·吕厄展出了大量《睡莲》系列油画。

1919 年　挚友雷诺阿去世。

1922 年　4 月 12 日，莫奈签署协议，将自己的壁画捐赠给法国政府。

1923 年　做白内障手术，这一病症早在十年前就已确诊。

1926 年　莫奈于 12 月 5 日在吉维尼的家中逝世，享年 86 岁。

莫奈作品——《撑阳伞的女人》